Peter Krämer

Kirchenrecht II

W0308830

Kohlhammer
Studienbücher Theologie

Herausgegeben von

Gottfried Bitter
Ernst Dassmann
Helmut Merklein
Herbert Vorgrimler
Erich Zenger

Band 24,2

Peter Krämer

Kirchenrecht II

Ortskirche – Gesamtkirche

Verlag W. Kohlhammer
Stuttgart Berlin Köln

Die Deutsche Bibliothek – CIP-Einheitsaufnahme

Krämer, Peter:
Kirchenrecht / Peter Krämer. – Stuttgart ; Berlin ; Köln:
Kohlhammer.
(Kohlhammer-Studienbücher Theologie ; Bd. 24)
NE: GT

2. Ortskirche – Gesamtkirche. – 1993
ISBN 3-17-010307-5

Alle Rechte vorbehalten
© 1993 W. Kohlhammer GmbH
Stuttgart Berlin Köln
Verlagsort: Stuttgart
Umschlag: Studio 23
Gesamtherstellung:
W. Kohlhammer Druckerei GmbH + Co. Stuttgart
Printed in Germany

Inhalt

Einführung

Kirchenzugehörigkeit, Menschenrechte in der Kirche, fundamentale Gleichheit im Volk Gottes, kirchliche Dienste und Ämter – diese und weitere Fragen, die die rechtliche Verfaßtheit der Kirche insgesamt betreffen, bilden die Grundlage für die verschiedenen Ebenen der Kirchenverfassung: Ortskirche – Gesamtkirche – Ortskirchenfamilien. Hiermit sind einige Besonderheiten gegenüber dem kirchlichen Gesetzbuch gegeben, dem Codex Iuris Canonici, der am 25.1.1983 von Papst Johannes Paul II. promulgiert worden ist.

1. "Ortskirche" wird im Vergleich zu "Teilkirche" bevorzugt verwendet, während der CIC/1983 durchgängig von "Teilkirche" spricht. Das II. Vatikanische Konzil verwendet beide Begriffe, Ortskirche ("Ecclesia localis") und Teilkirche ("Ecclesia particularis"), zumeist gleichbedeutend als Bezeichnung für Diözese oder teilkirchliche Verbände (vgl. z.B. LG 23,1.4; UR 14,1).[1] Mit "Ortskirche" wird das Mißverständnis vermieden, daß die Teilkirche nur einen Teil der Kirche, ein Teilstück der Kirche im quantitativen Sinn darstellt. "Teilkirche" ist die an einem Ort, d.h. in einem bestimmten soziokulturellen Raum eingewurzelte Kirche, nicht Teil eines größeren Ganzen, das sich aus vielen Einzelteilen zusammensetzt, sondern Kirche selbst, freilich unter der Bedingung, daß sie in Gemeinschaft mit den übrigen Kirchen ist und bleibt, in denen und aus denen die eine und einzige Kirche Christi besteht (vgl. LG 23,1).

2. Im Unterschied zum CIC/1983 wird bei den Ebenen der Kirchenverfassung nicht von der Gesamtkirche, sondern von der Ortskirche ausgegangen. Dahinter steht die Einsicht, daß diese der natürlichen Erfahrungswelt des Gläubigen näher liegt als übergeordnete Verfassungsstrukturen (z.B. Bischofskonferenz, Apostolischer Stuhl). "Kirche realisiert sich zunächst und zuerst jeweils in den einzelnen Ortskirchen, die nicht bloß abgetrennte Teilstücke eines größeren Verwaltungskörpers sind,

---

[1] Zum Wortgebrauch vgl. K. Mörsdorf, Die Autonomie der Ortskirche, 285 ff.; R. Routhier, "Église locale" ou "Église particulière", 283-287.

sondern von denen jede das Ganze der Wirklichkeit 'Kirche' enthält."[2]

3. "Ortskirche" wird hier als zusammenfassender Begriff für territorial voneinander abgegrenzte Teilkirchen (c. 372 § 1 CIC) verwendet wie auch für jene Teilkirchen, die nach personalen Gesichtspunkten (z.B. Rituszugehörigkeit, Nationalität) voneinander zu unterscheiden sind (c. 372 § 2 CIC). Ein solcher Sprachgebrauch ist gerechtfertigt, insofern ein orthafter Bezug aufgrund der Ortsgebundenheit kirchlicher Lebensvollzüge, insbesondere der Feier der Eucharistie, allen Teilkirchen zukommt.

4. Im kirchlichen Gesetzbuch werden die Ebenen der Kirchenverfassung in einer zweigliedrigen Stufenfolge (Gesamtkirche – Teilkirche) behandelt, wobei Zwischenstufen entweder der gesamtkirchlichen (CIC/1917) oder der teilkirchlichen Ebene (CIC/1983) zugeordnet sind. Demgegenüber hat das Dekret des II. Vatikanischen Konzils über die Hirtenaufgabe der Bischöfe eine dreigliedrige Stufenfolge vorgenommen, indem das Bischofsamt im Hinblick auf die Gesamtkirche (CD 4-10), auf die Teilkirche (CD 11-35) und teilkirchliche Zusammenschlüsse (CD 36-43) betrachtet wird. Diesem Ansatz wird hier gefolgt, um die Bedeutung der Zwischenstufen klarer in Erscheinung treten zu lassen. Ortskirche und Gesamtkirche bilden die ekklesiologischen Eckgrößen, die zum unverzichtbaren und unverfügbaren Wesen der Kirche gehören. Zwischenstufen in der Gestalt von Ortskirchenverbänden können dazu beitragen, daß die Ortskirchen nicht durch gesamtkirchliche Strukturen überlagert werden oder in eine Vielzahl selbständiger Einzelkirchen zerfallen. "Erst durch die Eingliederung verschiedener benachbarter Ortskirchen in eine Teilkirchen–Communio hat die einzelne Ortskirche die Chance, ihr Eigensein und ihre Eigenart nicht zu verlieren, sondern ins Ganze einzubringen."[3]

Bei der Gegenüberstellung Ortskirche – Gesamtkirche ist davon auszugehen, daß weder der Gesamtkirche gegenüber der Ortskirche noch der Ortskirche gegenüber der Gesamtkirche eine Priorität zukommt; vielmehr sind ortskirchlicher und gesamtkirchlicher Bezug in

---

[2] J. Ratzinger, Die pastoralen Implikationen der Lehre von der Kollegialität der Bischöfe, 205.

[3] G. Greshake, "Zwischeninstanzen" zwischen Papst und Ortsbischöfen, 105.

gleicher Weise wesentlich.[4] Ortskirchen dürfen sich nicht wie Inseln isolieren und mit zentrifugaler Kraft vom Mittelpunkt entfernen,[5] noch dürfen sie von diesem gleichsam aufgesogen werden. Nur wenn die Spannungseinheit ausgehalten wird, kann die Vielgestaltigkeit des kirchlichen Lebens in Erscheinung treten. Mit anderen Worten: Ortskirche und Gesamtkirche bilden nicht voneinander trennbare Größen oder gar zwei verschiedene Kirchen, die zueinander in Konkurrenz stehen, sondern sind unterschiedliche Aspekte der *einen* Kirche Christi, die in der katholischen Kirche verwirklicht ist (vgl. LG 8,2; c. 204 § 2 CIC).

---

4 Vgl. P. Krämer, Kirchenrecht I, 32 f.

5 Vgl. Papst Johannes Paul II., Apostolische Konstitution "Pastor bonus" vom 28. Juni 1988, in: AAS 80 (1988), 841-934, Nr. 11.

Teil I
Grundfragen

1 Zugehörigkeit zur Kirche

Wer gehört zur Kirche? Jeder, der getauft ist oder, erst der, der über die Taufe hinaus mit der Kirche auch in ihren Lebensvollzügen verbunden ist?[1]

1.1 Theologiegeschichtliche Entwicklung

Der CIC/1917 definierte die Kirchenzugehörigkeit durch den Begriff des Personseins: durch die Taufe wird jemand Person in der Kirche Christi, d.h. Träger von kirchlichen Rechten und Pflichten (vgl. c. 87 CIC/1917). Nach dieser *kanonistischen Traditionslinie* gehören alle Getauften der katholischen Kirche an und sind ihren Gesetzen unterworfen (vgl. c. 12 CIC/1917); die Zugehörigkeit zur Kirche wird also nur durch *ein* Element begründet, nämlich das sakramentale Taufgeschehen. Hieraus folgt eine exklusive Identifikation von Kirche Christi und katholischer Kirche.

Im Unterschied zur kanonistischen Lehre beschreibt Papst Pius XII. in der Enzyklika "Mystici Corporis" von 1943[2] die Zugehörigkeit zur Kirche mit dem Begriff der Gliedschaft. In dieser Auffassung spiegelt sich die *apologetische Traditionslinie* wider, die auf Robert Bellamin (1542-1621) zurückgeht. Hiernach konstituieren *drei* Elemente die Gliedschaft in der Kirche: das Bekenntnis des gleichen Glaubens, die Gemeinschaft der gleichen Sakramente und die Unterordnung unter die kirchliche Hierarchie (vinculum symbolicum, liturgicum, hierarchicum).

Galt nach der kanonistischen Traditionslinie die Gleichsetzung: Kirche Christi = katholische Kirche = alle Getauften, so hat die apologetische Traditionslinie eine andere Gleichsetzung vorgenommen: Kirche Christi = katholische Kirche = die Getauften, die sich zur

---

[1] Vgl. hierzu K. Mörsdorf, Persona in Ecclesia Christi, 114-127; K. Rahner, Die Gliedschaft in der Kirche, 7-40.

[2] AAS 35 (1943), 193-248; vgl. DS/DH 3800-3822, 3802.

katholischen Kirche bekennen. In beiden Fällen liegt eine exklusive Identifikation von Kirche Christi und katholischer Kirche vor, die allerdings in unterschiedlicher Weise erfolgt.

Neue Akzente in der Frage nach der Kirchenzugehörigkeit sind durch das II. Vatikanische Konzil gesetzt worden:[3]

- Gegenüber der kanonistischen wie auch der apologetischen Traditionslinie ist die ausschließliche Gleichsetzung von katholischer Kirche und Kirche Christi aufgegeben worden. Wie die Kirchenkonstitution betont, ist die Kirche Christi "in der katholischen Kirche verwirklicht, die vom Nachfolger Petri und von den Bischöfen in Gemeinschaft mit ihm geleitet wird" (LG 8,2). Die katholische Kirche darf also nicht einfachhin mit der Kirche Christi gleichgesetzt werden. Mit Bedacht ist in LG 8,2 "est" durch "subsistit" (ist verwirklicht) ersetzt worden. Die katholische Kirche erscheint hiernach als die konkrete Existenzform der Kirche Christi, ohne mit dieser in jeder Hinsicht deckungsgleich zu sein. An die Stelle der absoluten ist also eine relative Gleichsetzung getreten.

- Gegenüber der apologetischen Traditionslinie hat das Konzil viele kirchenbildende Elemente außerhalb des sichtbaren Gefüges der katholischen Kirche anerkannt (vgl. LG 15; UR 3).

- Gegenüber der kanonistischen Traditionslinie hat das Konzil das Recht auf religiöse Freiheit in einer Art und Weise herausgestellt, daß die nichtkatholischen Christen katholischerseits nicht vereinnahmt werden dürfen (vgl. DH 2; 9; 10).

Diese veränderte Blickrichtung hat das Konzil zu einem dynamischen Verständnis der Kirchenzugehörigkeit geführt. Zunächst folgt es jener Überlieferung, wonach die Taufe anfanghaft und zugleich unwiderruflich in die Kirche eingliedert (vgl. UR 22). Hiermit wird die andere Überlieferung verknüpft, die auf die Entfaltung der Kirchengliedschaft gerichtet ist: "Jene werden der Gemeinschaft der Kirche voll eingegliedert, die, im Besitz des Geistes Christi, ihre

[3] Vgl. M. Kaiser, Aussagen des Zweiten Vatikanischen Konzils über die Kirchengliedschaft, 122-133; W. Aymans, Die kanonistische Lehre von der Kirchengliedschaft, 407-417; H. Müller, Zugehörigkeit zur Kirche, 86-90; P. Krämer, Die Zugehörigkeit zur Kirche, 164-169.

ganze Ordnung und alle in ihr eingerichteten Heilsmittel anerkennen und in ihrem sichtbaren Verband mit Christus, der sie durch den Papst und die Bischöfe leitet, verbunden sind, und dies durch die Bande des Glaubensbekenntnisses, der Sakramente und der kirchlichen Leitung und Gemeinschaft" (LG 14,2). Mit dieser Aussage wollte das Konzil zum Ausdruck bringen, daß die Zugehörigkeit zur Kirche verschiedene Stufen und Intensitätsgrade aufweist. Dabei hat LG 14,2 in die traditionelle Lehre vom dreifachen Band den Zusatz über den Besitz des Geistes Christi ("Spiritum Christi habentes") eingefügt. Hiermit wird kein viertes Element der Kirchenzugehörigkeit eingeführt – darauf weist schon die Partizipialkonstruktion hin –, sondern ein dynamisches Prinzip, das die drei "vincula" des Glaubensbekenntnisses, der Sakramente und der kirchlichen Gemeinschaftsordnung umgreift und durchdringt.

1.2 Personsein in der Kirche Christi

Um die Zugehörigkeit zur Kirche näher zu bestimmen, verwendet der CIC/1983 drei Begriffe:

- "christianus" – Hinweis auf das Getauftsein, so daß in diesen Begriff katholische wie nichtkatholische Christen einbezogen sind (vgl. cc. 96, 755 § 1, 844 § 4);
- "christifidelis" – Bezeichnung für die volle Gemeinschaft mit der katholischen Kirche (vgl. cc. 204, 844 § 2);[4]
- "persona" – Ausdruck für die aus der Taufe sich ergebenden Rechte und Pflichten, die dem Christen eigen sind (c. 96).

Mit dem Personenbegriff wird also stärker die rechtliche Dimension der Kirchenzugehörigkeit angesprochen. Dabei sind zwei Sachverhalte vorausgesetzt:

1. Das Personsein in der Kirche (= kanonisches Personsein) wird nicht einfachhin durch eine Beitrittserklärung begründet, auch nicht durch einen formalen Rechtsakt, durch den der einzelne

[4] Die in c. 204 § 1 aufgezählten Attribute des "christifidelis" sind zunächst auf alle Getauften zu beziehen; aus der Verknüpfung mit § 2 ergibt sich aber, daß hier jene Gläubigen angesprochen werden, die zur katholischen Kirche gehören.

Bewerber in die Kirche aufgenommen würde, sondern durch einen sakramentalen Vorgang, d.h. durch den Empfang der Taufe.[5]

2. Vom kanonischen Personsein ist das menschliche Personsein zu unterscheiden, auch wenn beide Personenbegriffe nicht voneinander getrennt werden dürfen. Das Personsein in der Kirche bezieht sich auf den Getauften, der Rechtssubjekt in der Kirche ist, d.h. Träger von bestimmten Rechten und Pflichten, und setzt das menschliche Personsein voraus. Im kirchlichen Gesetzbuch kommt das menschliche Personsein in den Blick, wenn von "grundlegenden Rechten der menschlichen Person" (c. 747 § 2) gesprochen wird oder von der "Würde und Freiheit der menschlichen Person" (c. 768 § 2), für deren Achtung die Kirche eintreten muß. Obgleich das kanonische Personsein in der Taufe begründet wird, sind Ungetauften bereits gewisse Rechte in der Kirche (z.B. Klagerecht vor einem kirchlichen Gericht gemäß c. 1476) zuerkannt, wenn sie den Rechtskreis der katholischen Kirche berühren. Dies gilt erst recht für die Katechumenen, denen das Recht auf Empfang der Taufe zusteht, wenn die erforderlichen Voraussetzungen gegeben sind (vgl. cc. 206, 748 § 1, 865).

Nach c. 96 wird der Mensch durch die Taufe in die Kirche Christi eingegliedert und in dieser als Person konstituiert; dadurch besteht – über alle Konfessionsgrenzen hinweg – eine sakramentale Verbundenheit unter den Gliedern der Kirche Christi. Von der Kirche Christi aber heißt es – gemäß der Lehre des Konzils – in c. 204 § 2, daß sie in der katholischen Kirche verwirklicht ist, mit dieser also nicht einfachhin zusammenfällt. Von der im sakramentalen Taufgeschehen grundgelegten Zugehörigkeit zur Kirche Christi ist daher die Entfaltung der Kirchenzugehörigkeit in der katholischen Kirche zu unterscheiden. Aus diesem Unterschied ergibt sich folgerichtig, daß durch rein kirchliche Gesetze nur katholische Christen verpflichtet werden bzw. verpflichtet werden können, also nur diejenigen, die in der katholischen Kirche die Taufe empfangen haben oder in diese konvertiert sind (vgl. c. 11); im Vergleich zur früheren Rechtslage (c. 12 CIC/1917) ist hiermit eine nicht unerhebliche Einschränkung im Geltungsanspruch kirchlicher Normen gegeben.

---

[5] Vgl. hierzu W. Aymans, Kanonisches Recht I, 289 f.

1.3 Eingliederung in die katholische Kirche

Die Eingliederung in die Kirche ist ein dynamischer Vorgang, ein Prozeß. Nach c. 842 § 2 gehören zur vollen christlichen Initiation Taufe, Firmung und Eucharistie. Während diese Aussage auch auf nichtkatholische Christen anwendbar ist, insofern die genannten Sakramente in den getrennten Kirchen gegeben sind, fragt c. 205 nach dem vollen Eingegliedertsein in der katholischen Kirche: Voll in der Gemeinschaft der katholischen Kirche stehen nur "jene Getauften, die in ihrem sichtbaren Gefüge mit Christus verbunden sind, nämlich durch die Bande des Glaubensbekenntnisses, der Sakramente und der kirchlichen Leitung". Zur Umschreibung der vollen Kirchenzugehörigkeit greift c. 205 also wieder auf die Lehre von den drei "vincula" zurück. Überraschend ist allerdings der Wegfall des konziliaren Zusatzes "Spiritum Christi habentes" (LG 14,2). Hieraus darf nicht die Folgerung gezogen werden, der Besitz des Geistes Christi habe keine rechtliche Relevanz. Denn der zugrundeliegende Konzilstext bleibt als Interpretationsrahmen für c. 205 bestehen. Außerdem ist in c. 205 von einer Christusverbundenheit die Rede, die zweifelsohne durch das Fehlen des Geistes Christi geschmälert wird.

Die Zugehörigkeit zur katholischen Kirche konkretisiert sich in der Zugehörigkeit zu einer bestimmten Ortskirche, innerhalb dieser in der Zugehörigkeit zu einer bestimmten Pfarrei und – der Ortskirche übergeordnet – in der Zugehörigkeit zu einem Ortskirchenverband sowie zu einer bestimmten Rituskirche, d.h. zur Lateinischen Kirche oder zu einer mit dem Apostolischen Stuhl unierten Kirche des Orients. Während die Zugehörigkeit zu einer Ortskirche (Diözese, Pfarrei, Ortskirchenverband) durch Wohnsitzwechsel jederzeit veränderbar ist (vgl. cc. 102, 106, 107), kann ein Rituswechsel in der Regel nur mit Erlaubnis des Apostolischen Stuhles vorgenommen werden (c. 112 CIC, c. 32 CCEO). Diese Bestimmungen machen deutlich, daß es keine abstrakte Zugehörigkeit zur katholischen Kirche gibt, sondern nur eine solche, die sich in einer bestimmten Ortskirche konkretisiert. In der Ortskirche, die in Verbindung steht mit anderen Ortskirchen und mit der ganzen Kirche, muß der Gläubige seine kirchliche Existenz verwirklichen. Dies weist auf den ekklesiologischen Leitgedanken des II. Vatikanischen Konzils hin, daß die Gesamtkirche in und aus den vielen Teilkirchen besteht (LG 23,2).

1.4 Beeinträchtigung der vollen Kirchenzugehörigkeit

Mit dem Personsein in der Kirche sind grundlegende Rechte und Pflichten gegeben, die gemäß c. 96 in dem Umfang eine Beeinträchtigung erfahren, als sich Christen nicht in der kirchlichen Gemeinschaft befinden oder eine rechtmäßig verhängte Sanktion entgegensteht. Unter dieser Rücksicht sind drei Fälle voneinander abzuheben:

1. Nichtkatholische Christen stehen nicht in der vollen Gemeinschaft mit der katholischen Kirche; deshalb können sie in dieser keine Rechte in Anspruch nehmen, es sei denn, daß ihnen einzelne Befugnisse – in dem Maße der Glaubensübereinstimmung – ausdrücklich zuerkannt werden. Das Faktum des Getrenntseins bewirkt eine umfassende Rechtsminderung, mit der zugleich – im deutlichen Gegensatz zur früheren Rechtslage (vgl. cc. 12, 87 CIC/1917) – auch eine umfassende Minderung in den Pflichten verbunden ist. Weil nichtkatholischen Christen eine Schuld an der Glaubensspaltung nicht angelastet werden kann, hat die Rechtsminderung keinen Strafcharakter; es handelt sich vielmehr um eine Sperre, die der Tatsache des Getrenntseins Rechnung trägt, bei wachsender Glaubensübereinstimmung aber auch durchlässiger gestaltet werden muß. Eine Rechtsminderung im Hinblick auf nichtkatholische Christen kann schon deshalb keinen Strafcharakter haben, weil kirchliche Sanktionen gemäß c. 11 auf diese nicht anwendbar sind.

2. Ein katholischer Christ kann in seiner vollen Kirchenzugehörigkeit durch eine rechtmäßig verhängte Sanktion beeinträchtigt werden. Die Sanktion, die gemäß c. 1312 Strafcharakter aufweist, setzt schuldhaftes Versagen voraus und hat eine gestufte Rechtsminderung zur Folge, je nachdem, welche strafrechtliche Wirkung gesetzlich festgelegt worden ist. Freilich kann durch keine Sanktion, auch nicht durch die Exkommunikation (c. 1331), die in der Taufe grundgelegte Zugehörigkeit zur Kirche rückgängig gemacht werden; diese ist dem kirchlichen Zugriff entzogen. Vielmehr führt die Sanktion lediglich zu einer Minderung der mit der Taufe gegebenen Rechte, zu einer Beeinträchtigung der vollen Kirchenzugehörigkeit.

3. Ein katholischer Christ kann in seiner vollen Kirchenzugehörigkeit – unabhängig von strafrechtlichen Bestimmungen – auch dadurch beeinträchtigt sein, daß er in seiner Lebensführung offenkundig in einem Gegensatz zur christlichen Glaubenslehre steht. Für diesen Fall ist z.B. eine Rechtsminderung vorgesehen im Hinblick auf die Übernahme eines Patenamtes (cc. 874 § 1 n. 3, 893 § 1) oder auch im Hinblick auf die fehlende Berechtigung zum Empfang der Eucharistie (cc. 915, 916). Wo die Berechtigung zur eucharistischen Kommunion nicht gegeben ist, da wird auch die volle Zugehörigkeit zur Kirche geschmälert. Gerade hierauf wollte der konziliare Zusatz über den Besitz des Geistes Christi (LG 14,2) aufmerksam machen, der von c. 205 CIC nicht übernommen wurde. Doch kann nicht bestritten werden, daß Kirche und Eucharistie, Eucharistiefähigkeit und Kirchenzugehörigkeit zutiefst aufeinander bezogen sind.

Eine Rechtsminderung ist außerdem mit dem nach staatlichem Recht vorgenommenen Kirchenaustritt gegeben, auch wenn dieser in der kirchenrechtlichen Diskussion unterschiedlich bewertet wird.[6] Nach der einen Auffassung zieht der Austritt aus der Kirche notwendigerweise die Exkommunikation als Tatstrafe nach sich (vgl. c. 1364 § 1 i.V.m. c. 751), auch wenn dieser Schritt "nur" zur Befreiung von der Kirchensteuer gesetzt worden ist; ganz gleich, welche Beweggründe hinter dem Kirchenaustritt stehen, in jedem Fall handle es sich um ein öffentliches Sich-Lossagen von der Kirche, wodurch zumindest der Tatbestand des Schisma erfüllt sei.[7] Nach einer anderen Auffassung zieht der Austritt aus der Kirche nur dann die Exkommunikation nach sich, wenn er glaubensmäßig motiviert ist, d.h. als ein Sich-Lossagen von der Kirche und ihrem Glaubensverständnis vollzogen wird; hierunter falle aber nicht der bloß aus finanziellen Gründen erklärte Kirchenaustritt.[8] Ob der Kirchenaustritt nun die Exkommunikation nach sich zieht oder nicht, in jedem

---

6 Vgl. dazu S. Demel, Kirchliche Trauung, 139-143.

7 Vgl. u.a. J. Listl, Die Rechtsfolgen des Kirchenaustritts, 179-182. Nach partikularem Recht ist in verschiedenen Diözesen der Eintritt der Exkommunikation bei Kirchenaustritt ausdrücklich festgestellt worden (Vgl. Kölner Diözesansynode 1954, hrsg. v. Erzbischöflichen Generalvikariat Köln, Köln o.J., S. 236, Nr. 610 § 2; Synodalstatuten des Bistums Trier, hrsg. v. Bischöflichen Generalvikariat Trier, Trier 1959, S. 139, Art. 271 Abs. 2; ABl. Augsburg, 98 (1988), 141.

8 Vgl. E. Corecco, La sortie de L' Église, 45 f., 54 ff.

Fall hat er eine umfassende Rechtsminderung zur Folge, mag diese in einer Sanktion gemäß c. 1364 begründet sein oder aus der vollzogenen Trennung von der Kirche (Sperre), unabhängig von strafrechtlichen Gesichtspunkten, resultieren. "Der Austritt hat nicht nur Wirkungen im staatlichen Bereich, sondern auch in der Kirche. Die Ausübung der Grundrechte eines katholischen Christen ist untrennbar von der Erfüllung seiner Grundpflichten. Wenn also ein Katholik seinen Austritt aus der Kirche erklärt – aus welchen Gründen auch immer –, so stellt dies eine schwere Verfehlung gegenüber der kirchlichen Gemeinschaft dar. Er kann daher am sakramentalen Leben erst wieder teilnehmen, wenn er bereit ist, seine Austrittserklärung rückgängig zu machen".[9]

1.5 Ökumenische Tragweite

Der Fortschritt in der Lehre über die Kirchenzugehörigkeit ist ökumenisch sehr bedeutsam, da er eine positivere Bewertung der nichtkatholischen Christen bzw. der getrennten Kirchen und kirchlichen Gemeinschaften ermöglicht.

Durch die Taufe, die die Zugehörigkeit zur Kirche Christi begründet, werden die nichtkatholischen Christen ihren eigenen Kirchen oder kirchlichen Gemeinschaften eingegliedert (vgl. LG 15; UR 3,1). In diesen von der katholischen Kirche getrennten Kirchen und kirchlichen Gemeinschaften verwirklichen sie ihre christliche Existenz. Deshalb sind die "getrennten Kirchen und Gemeinschaften trotz der Mängel, die ihnen nach unserem Glauben anhaften, nicht ohne Bedeutung und Gewicht im Geheimnis des Heiles. Denn der Geist Christi hat sich gewürdigt, sie als Mittel des Heiles zu gebrauchen, deren Wirksamkeit sich von der der katholischen Kirche anvertrauten Fülle der Gnade und Wahrheit herleitet" (UR 3,4). So ist über alle Unterschiede hinweg, die die Christen voneinander trennen, "eine wahre Verbindung im Heiligen Geist" gegeben (LG 15), eine Verbindung, die sakramental verankert und insofern menschlicher Verfügung entzogen ist; denn die Taufe begründet "ein sakramentales Band der Einheit zwischen allen, die durch sie wiedergeboren sind" (UR 22,2).

Diese konziliaren Aussagen haben auch in der Rechtssprache zu einer Änderung geführt. Während der frühere Codex die nichtka-

[9] Erklärung der Diözesanbischöfe der Bundesrepublik Deutschland von 1969, in: AfkKR 138 (1969), 557-559, 558.

tholischen Christen und die Formen ihrer Vergemeinschaftung nur unter der Rücksicht des Getrenntseins von der katholischen Kirche gesehen und für sie demgemäß den Begriff "secta", "secta acatholica", "secta haeretica seu schismatica" verwendet hatte (vgl. z.B. cc. 542 n. 1, 1060, 1065 § 1, 1240 § 1 n. 1 CIC/1917), spricht der CIC/1983 in unterschiedlichen Wendungen von Christen, von Kirchen oder Gemeinschaften, die nicht in der vollen Gemeinschaft ("plena communio") mit der katholischen Kirche stehen (vgl. cc. 383 § 3, 463 § 3, 844 §§ 2-5, 908, 1124). Die nichtkatholischen Christen werden also in einer gestuften Zuordnung zur katholischen Kirche gesehen. *Gestuft* ist die Zuordnung, weil es ein unterschiedliches Maß an Glaubensübereinstimmung gibt und – hieraus folgend – ein unterschiedliches Maß sakramentaler Gemeinschaft; von getrennten *Kirchen* wird nur dort gesprochen, wo die Eucharistie (nach dem Verständnis der katholischen Kirche) in gültiger Weise gefeiert wird (vgl. UR 15; c. 844 §§ 2-3).

Die geänderte Perspektive hat auch eine deutliche Auswirkung auf das Bemühen um Wiederherstellung kirchlicher Einheit. Es müssen Wege gesucht und beschritten werden, die zu einer "versöhnten Verschiedenheit" führen. Wohl ist es nicht Aufgabe eines kirchlichen Gesetzbuches, solche Wege selbst aufzuzeigen, da es sich in erster Linie mit der innerkirchlichen Rechtsordnung befaßt. Es muß aber offen sein für Wege zur Wiederherstellung kirchlicher Einheit, die es den getrennten Kirchen und Gemeinschaften ermöglicht, ihr eigenes religiöses Erbe zu bewahren und sich in der "communio plena" nach eigenen Ordnungen zu leiten. Einen Ansatzpunkt hierfür bieten c. 1 CIC und c. 1 CCEO, insofern sie ihren Geltungsbereich allein auf den jeweiligen Rechtskreis beziehen, d.h. auf die lateinische Kirche bzw. auf die katholischen orientalischen Kirchen. Bei Wiederherstellung der kirchlichen Einheit, die eine versöhnte Verschiedenheit anstrebt, kann von den getrennten Kirchen und Gemeinschaften keine Rückkehr in den jeweiligen Rechtskreis (Rituskirche) verlangt werden. Es müßte ihnen vielmehr der Rechtsstatus von relativ eigenständigen Rituskirchen zuerkannt werden, ohne sich in die bereits bestehenden Rituskirchen hinein auflösen zu müssen. Auf diese Weise würde in der *einen* "communio plena" ein größerer Raum für die *Vielfalt* partikularer Ausprägungen geschaffen werden.

Unmittelbar bis zum II. Vatikanischen Konzil ist bei der Umschreibung der Glieder der Kirche vor allem das Unterscheidende herausgestellt worden. Charakteristisch für diese Traditionslinie ist das bekannte Wort aus dem Decretum Gratiani: "Duo sunt genera christianorum ..."[10]; es gibt zwei Arten von Christen, Kleriker und Laien. Waren diese in der christlich geprägten Gesellschaft des Mittelalters noch organisch miteinander verbunden, zerfiel die Einheit in der beginnenden Neuzeit und führte zur Unterscheidung von zwei Personenständen, den Befehlenden (Klerikern) und den Gehorchenden (Laien). "Aus der Unterscheidung der Stände wurde Trennung und schließlich Isolation."[11] Die Kirche erscheint hiernach als eine ungleiche Gesellschaft, in welcher die Laien rechtlich mehr oder weniger bedeutungslos sind.[12]

Auch im kirchlichen Gesetzbuch von 1917 ist eine deutliche Trennungslinie zwischen Klerikern und Laien gezogen worden, ohne daß eine übergreifende Einheit sichtbar war: Kraft göttlichen Rechts sind die Kleriker von den Laien unterschieden (c. 107 CIC/1917) und werden – aufgrund des Weihesakramentes - zur Leitung der Gläubigen und zum Vollzug des Gottesdienstes bestellt (c. 948 CIC/1917).[13] Nach diesem Gesetzbuch erscheinen die Kleriker als die einzig legitimierten Träger des Handelns in der Kirche; sie sind die "Vollgenossen", denen die Laien als "Schutzgenossen" anempfohlen sind.[14] Dabei werden die Ordenschristen ("religiosi") faktisch als eigener Stand behandelt[15], auch wenn klar ist, daß sie selbst entweder Kleriker oder Laien sind (c. 107 CIC/1917).

Diese Sichtweise hat der CIC/1983 unter Rückgriff auf die Lehre des II. Vatikanischen Konzils erheblich abgeändert. Hierfür können folgende Punkte geltend gemacht werden:

---

[10] C. 12 q. 1 c. 7, in: Friedberg I, 678.

[11] E. Braunbeck, Der Weltcharakter des Laien, 104; vgl. hierzu insgesamt ebd., 96-132.

[12] So z.B. Papst Pius X. in der Enzyklika "Vehementer nos" vom 11.2.1906, in: ASS 39 (1906), 3-16, 8 f.

[13] Vgl. L. Müller, Weihe, 104-107.

[14] U. Stutz, Der Geist des Codex iuris canonici, 83.

[15] Vgl. die Untergliederung des zweiten Buches "De personis" in drei Teile: "De clericis", "De religiosis", "De laicis".

- In c. 204 § 1 wird gleich zu Beginn des zweiten Buches über das Volk Gottes die Kategorie des "christifidelis" eingeführt, die den Kleriker- und Laienbegriff überschreitet. Die Taufe bewirkt die Eingliederung in Christus und die Zugehörigkeit zum Volk Gottes. Hieraus folgt die Teilhabe aller Gläubigen am priesterlichen, prophetischen und königlichen Amt Christi und an der Sendung, die der Kirche in der Welt anvertraut ist. Vor der traditionellen Aufteilung der Kirche in verschiedene Personengruppen oder Personenstände geht c. 204 § 1 also von der übergreifenden Einheit im Volk Gottes aus. Mit anderen Worten: der Begriff "christifidelis" ist geeignet, eine Integration der Unterschiedenheit in die übergreifende Einheit zu gewährleisten. Dabei deutet c. 204 § 1 auch schon eine Unterschiedenheit dadurch an, daß die Gläubigen "auf ihre Weise" am dreifachen Dienstamt Christi und "gemäß ihrer je eigenen Stellung" an der Sendung der Kirche teilhaben; diese Teilhabe darf aber nicht vom kirchlichen Amt oder vom "Ordo" abgeleitet werden, sondern gründet unmittelbar im sakramentalen Taufgeschehen und ist insofern Ausdruck für das, was alle Gläubigen in der Kirche miteinander verbindet.

- Nach c. 207 § 1 gibt es in der Kirche unter den Gläubigen ("inter christifideles") geistliche Amtsträger, die auch Kleriker genannt werden; die übrigen dagegen heißen auch Laien. Mit Bedacht wird hier wiederum auf die Kategorie des "christifidelis" zurückgegriffen, "um auch sprachlich zum Ausdruck zu bringen, daß es sich bei Klerikern und Laien nicht um zwei völlig verschiedenartige und voneinander getrennte Generationen von Christgläubigen handelt, wie das der Wortlaut von c. 107 CIC/1917 recht drastisch nahelegte."[16] Gegenüber dem früheren Gesetzbuch wird also mehr das Verbindende als das Trennende herausgestellt, wenngleich c. 207 § 1 durchaus an der Unterschiedenheit von Klerikern und Laien festhält, die "aufgrund göttlicher Weisung" besteht (vgl. auch c. 1008). Für die Kirche ist daher eine "hierarchische Struktur" (c. 207 § 2) wesentlich, die aber relativiert wird durch die Grundstellung des "christifidelis", durch die gemeinsame Berufung und Sendung aller Gläubigen. Von der Grundstellung des "christifidelis" sind schließlich auch die Lebensgemeinschaften der evangelischen Räte umgriffen. Zwar bilden diese einen eige-

[16] A.E. Hierold, Inhaltliche Perspektiven des Verfassungsrechtes, 353.

nen Stand ("status"), der für das Leben und die Heiligkeit der Kirche bedeutsam ist. Doch handelt es sich hierbei nicht um einen "Zwischenstand" zwischen Klerikern und Laien; vielmehr werden aus beiden Gruppen Gläubige ("christifideles") zum Leben nach den evangelischen Räten (Armut, Ehelosigkeit, Gehorsam) berufen (vgl. cc. 207 § 2, 574 § 1).[17]

- Aufgrund der Taufe besteht, wie c. 208 betont, "unter allen Gläubigen eine wahre Gleichheit in der Würde und Tätigkeit, in der alle gemäß der eigenen Stellung und Aufgabe am Aufbau des Leibes Christi mitwirken". Zunächst wird die wahre Gleichheit also auf die Würde bezogen, d.h. auf die Tatsache, daß die Gläubigen in Christus wiedergeboren sind und somit am priesterlichen, prophetischen und königlichen Dienstamt Christi teilhaben; in diesem Bereich kann es keinen institutionellen Vorrang eines Kirchengliedes vor einem anderen geben, auch wenn im persönlichen Vollzug viele Abstufungen möglich sind. Zum andern wird die wahre Gleichheit auf die Tätigkeit bezogen, d.h. auf die Teilhabe an der Heilssendung der Kirche. Während der zugrundeliegende Konzilstext von einer "allen Gläubigen gemeinsamen Tätigkeit" (LG 32,3) spricht, ist in die Gleichheitsaussage des c. 208 bereits eine Unterschiedenheit ("gemäß der je eigenen Stellung und Aufgabe") eingetragen. Damit ist freilich der Konzilstext nicht abgeschwächt worden, da dieser im unmittelbaren Kontext auf die Unterschiedenheit zwischen geistlichen Amtsträgern und den anderen Gläubigen hingewiesen hat; außerdem wird in c. 208 eine wahre Gleichheit herausgestellt, die (auch institutionell) verschiedene Weisen des Tätigwerdens durchaus zuläßt. Oder anders ausgedrückt: Nicht nur in der allen Gläubigen gemeinsamen Würde, sondern auch in der Tätigkeit ist eine allen Unterscheidungen vorausliegende und diese noch umgreifende Einheit gegeben; denn alle sind berufen, am Aufbau des Leibes Christi mitzuwirken.

Mit der wahren Gleichheit sind allerdings sendungsspezifische Unterschiede nicht ausgeschlossen.

1. Laien: Im CIC/1983 wird ein doppelter Laienbegriff verwendet. Zum einen sind mit den Laien alle Gläubigen im Unterschied zu den

[17] Vgl. hierzu P. Krämer, Kirchenrecht I, 155 ff.

geistlichen Amtsträgern (Klerikern) bezeichnet. Laien sind hiernach die Nicht-Kleriker. Dieser negative Laienbegriff liegt c. 207 § 1 zugrunde, wonach die Laien sogar als die "übrigen" Gläubigen angesprochen werden, als ob sie anderen Gläubigen nachgeordnet wären. Ein solcher Laienbegriff kann inhaltlich nur gefüllt werden, indem die in c. 204 § 1 getroffenen Aussagen über die Grundstellung des "christifidelis" hinzugenommen werden. Eigentlich ist ein solcher Laienbegriff entbehrlich, da er wegen seiner negativen Bestimmtheit auf c. 204 § 1 verwiesen ist; außerdem kann die institutionelle Spannung zwischen dem gemeinsamen Priestertum aller Gläubigen und dem Priestertum des Dienstes, um die es in c. 207 § 1 geht, auch ohne Rückgriff auf die Unterscheidung zwischen Klerikern und Laien zum Ausdruck gebracht werden.[18] Bemerkenswert ist jedenfalls, daß das Gesetzbuch für die unierten Ostkirchen auf einen so weit gefaßten Laienbegriff (Laien = alle Gläubigen mit Ausnahme der ordinierten Amtsträger) verzichtet hat (vgl. cc. 323 § 2, 399 CCEO).

Zum andern sind mit den Laien jene Gläubigen gemeint, die weder das Sakrament der Weihe empfangen haben noch den Gemeinschaften der evangelischen Räte angehören. Dieser enger gefaßte Laienbegriff liegt implizit dem Katalog der "Pflichten und Rechte der Laien" (cc. 224-231) zugrunde, ist aber auch explizit in cc. 463 § 2, 512 § 1, 1427 § 3 gegeben, außerdem in c. 399 CCEO. Unschwer ist hinter einem solchen Laienbegriff die Lehre des II. Vatikanischen Konzils zu erkennen, näherhin die typologische Umschreibung des Laien in LG 31.[19] Hiernach sind die Laien durch drei Elemente charakterisiert:

allgemein – Teilhabe am dreifachen Dienstamt Christi und an der Sendung des ganzen Gottesvolkes in Kirche und Welt,
einschränkend – Teilhabe als Nicht-Kleriker und Nicht-Ordensangehörige,[20]
spezifisch – Teilhabe, die durch den Weltcharakter ("indoles saecularis") qualifiziert ist.

Dieser enger gefaßte Laienbegriff ist vom CIC/1983 – im Unterschied zu c. 399 CCEO – allerdings nur in verstümmelter Weise aufgenommen worden, insofern die typologische Umschreibung unerwähnt bleibt und insbesondere der Weltcharakter als das den Laien qualifizierende Element nicht in Erscheinung tritt; es klingt in c. 225

[18] Vgl. hierzu auch H. Müller, Zur Frage nach der Stellung des Laien, 206.
[19] Vgl. P. Krämer, Dienst und Vollmacht, 57-60.

§ 2 nur indirekt als eine Aufgabe unter anderen, nicht aber als charakteristisches Merkmal an: die Laien haben "die besondere Pflicht ..., die Ordnung der zeitlichen Dinge im Geist des Evangeliums zu gestalten ...". Dann aber muß all das, was über den Laien ausgesagt wird, als unnötige Verdoppelung der Aussagen über die Pflichten und Rechte aller Gläubigen erscheinen[21]; im Grunde genommen ist auch ein solcher Laienbegriff, bei dem die vom II. Vatikanischen Konzil aufgezeigte Sinnspitze abgebrochen wird, entbehrlich.

Anders verhält es sich freilich, wenn in Treue zum Konzil der Weltcharakter als spezifizierende (und theologisch relevante) Größe zur Bestimmung der laikalen Sendung ernst genommen wird. Dies bedeutet, daß beim Laien die direkte Verflechtung mit der Welt (vgl. LG 31,2) durch keine weitere, über die Taufe hinausgehende kirchliche Bindung (Empfang der sakramentalen Weihe, Bekenntnis zu den evangelischen Räten) modifiziert würde; daher ist der Laie primär, in jeder Hinischt des Lebens, durch den Weltcharakter geprägt. "'Indoles saecularis' bezeichnet ... die aus Taufe und Firmung erwachsende spezifisch christliche Beziehung zur Welt und Sendung für die Welt, die für den Laien (aufgrund seiner bleibenden vollen Verflechtung in Bezüge und Aufgaben der Welt) die Ausübung seines gemeinsamen Priestertums in Kirche und Welt entscheidend prägt".[22]

2. Kleriker: Hatte der frühere Codex noch zwischen Klerikern göttlichen und kirchlichen Rechts unterschieden (c. 107 CIC/1917), zwischen Klerikern auf einer höheren und niederen Weihestufe (c. 949 CIC/1917)[23], ist der CIC/1983 zu einem einheitlichen Klerikerbegriff zurückgekehrt, indem er diesen an die sakramentalen Weihestufen (Episkopat, Presbyterat, Diakonat) bindet (vgl. cc. 266 § 1, 1009 § 1).

Wodurch unterscheiden sich aber die Kleriker von den übrigen Gläubigen? Zunächst darf die Unterscheidung nicht im Sinn einer Aussonderung aus dem Volk Gottes verstanden werden. Dagegen spricht schon die Formulierung, daß es "unter" den Gläubigen geistliche Amtsträger (Kleriker) gibt (cc. 207 § 1, 1008). Außerdem wäre es bei einer solchen Interpretation nicht mehr zulässig, von einer fundamentalen Gleichheit im Volk Gottes zu sprechen. Der Unter-

---

21 In diesem Sinn M. Kaiser, Die Laien, 186 f.

22 E. Braunbeck, Der Weltcharakter des Laien, 94; vgl. ebd., 261.

23 Beide Unterscheidungen waren nicht deckungsgleich, da die Subdiakone zu den Klerikern auf einer höheren Weihestufe gerechnet wurden und zugleich zu den Klerikern kirchlichen Rechts.

schied liegt auch nicht darin begründet, daß in der sakramentalen Weihe eine Steigerung oder Intensivierung dessen erfolgte, was allen Gläubigen aufgrund von Taufe und Firmung gemeinsam ist. Dann wären ja die Kleriker gleichsam die "besseren" Christen; sie stellten die Vollform des Christseins dar.

Es geht vielmehr wiederum um die beiden verfassungsrechtlichen Pole, die im gemeinsamen und amtlichen Priestertum gelegen sind, deren Zusammenspiel allerdings vom kirchlichen Gesetzgeber zu Beginn des kirchlichen Verfassungsrechts nicht hinreichend zum Ausdruck gebracht worden ist. Das gemeinsame Priestertum der Gläubigen, das in Taufe und Firmung gründet, ist in der Kirche als dem priesterlichen Gottesvolk gegenüber dem Priestertum der ordinierten Amtsträger primär; denn es lebt in diesem fort und ist sogar dessen unabdingbare Voraussetzung, da nur ein Getaufter gültigerweise das Sakrament der Weihe empfangen kann. Andererseits besteht die Funktion des amtlichen Priestertums, das nicht aus dem gemeinsamen Priestertum ableitbar ist (LG 10), ganz im Dienst an dem gemeinsamen Priestertum, nicht aber umgekehrt. Mit anderen Worten: Ohne die Hinordnung auf das gemeinsame Priestertum aller Gläubigen hätte das amtliche Priestertum keine Daseinsberechtigung; deshalb wird das amtliche Priestertum vom Vaticanum II auch "Priestertum des Dienstes" ("sacerdotium ministeriale", LG 10,2) genannt, dem das "sacrum ministerium" (LG 31,2) aufgetragen ist, d.h. ein Dienstamt zur Auferbauung des priesterlichen Gottesvolkes in Wort und Sakrament. Hieraus ergibt sich eine tiefgreifende Zuordnung zwischen dem gemeinsamen und dem amtlichen Priestertum, die auch als wechselseitige Immanenz bezeichnet werden kann.[24]

3. Mitglieder in den Gemeinschaften der evangelischen Räte: Während im CIC/1917 kurz und bündig von Ordenschristen ("religiosi", c. 107) gesprochen wurde, ist ein solcher Begriff, der auf alle Lebensformen der evangelischen Räte anwendbar wäre, im CIC/1983 nicht mehr gegeben. Jetzt ist vielmehr umständlich die Rede von Mitgliedern der "Institute des geweihten Lebens und der Gesellschaften des apostolischen Lebens", so jedenfalls nach der Überschrift zu Teil III des Buches über das Volk Gottes (cc. 573-746 CIC). Gleichwohl wird der Begriff "Ordensmitglied", "Ordenschrist" gelegentlich in einem weiteren und unspezifischen Sinn ver-

---

[24] Vgl. E. Corecco, Aspekte der Rezeption, 343; L. Gerosa, Charisma und Recht, 155 ff.

wendet und auf alle von der Kirche anerkannten Lebensgemeinschaften nach den evangelischen Räten bezogen, so z.B. auch in LG 31. Berechtigt ist diese Begrifflichkeit wohl deshalb, weil allen "Ordenschristen" in der Unterschiedlichkeit der geistlichen Lebensformen eine Berufung oder Zielsetzung gemeinsam ist: sie "geben durch ihren Stand ein deutliches und hervorragendes Zeugnis dafür, daß die Welt nicht ohne den Geist der Seligpreisungen verwandelt und Gott dargebracht werden kann" (LG 31,2). Den Ordenschristen kommt also eine eschatologische Zeugnisfunktion zu, die die weltlichen Realitäten notwendigerweise relativiert; hierin liegt der Primat ihrer Sendung, der darauf abzielt, endzeitliche Hoffnung in der Welt und für die Welt wachzuhalten.

Unter den Gläubigen, den Gliedern der Kirche, gibt es eine fundamentale Gleichheit, die in verfassungsrechtlicher Hinsicht zugleich eine Unterschiedenheit zwischen dem gemeinsamen und dem amtlichen Priestertum in sich birgt. In sendungsspezifischer Hinsicht hingegen heben sich Laien (Weltcharakter), Kleriker (Dienst am gemeinsamen Priestertum) und Ordenschristen (eschatologische Zeugnisfunktion) voneinander ab. Dabei dürfen die sendungsspezifischen Zuweisungen nicht in einem exklusiven Sinn verstanden werden; sie durchdringen sich vielmehr gegenseitig und können nur in ihrem Zusammenspiel für die Auferbauung der Kirche als des *einen* priesterlichen Gottesvolkes fruchtbar gemacht werden.

3 Menschenrechte - Christenrechte - Laienrechte

Der CIC/1983 ist das erste kirchliche Gesetzbuch, das einen Katalog der "Pflichten und Rechte aller Gläubigen" (cc. 208-223) enthält. Hierdurch soll die theologische Lehre über das gemeinsame Priestertum bzw. über die "wahre Gleichheit" (c. 208) unter den Gliedern der Kirche in rechtlicher Hinsicht konkretisiert werden. Solche Rechte und Pflichten können als fundamental oder grundlegend bezeichnet werden, weil sie die kirchliche Grundstellung des Gläubigen vor allen möglichen Differenzierungen näher umschreiben.

3.1 Pflichten und Rechte der Gläubigen

Vor den Einzelbestimmungen stellt das kirchliche Gesetzbuch zunächst die Pflicht der Gläubigen heraus, die Gemeinschaft, die "communio" mit der Kirche zu wahren (c. 209)[25] Das bedeutet: Kirchliche Grundrechte sind nicht aus dem Beweggrund formuliert, selbstherrlich Autonomiesphären in der Kirche abzustecken. Es geht nicht um eine übersteigerte Selbstbehauptung des Einzelnen gegenüber der Gemeinschaft. Die Inanspruchnahme grundlegender Rechte muß vielmehr zur vertieften Anerkennung einer geschwisterlichen Verbundenheit im Volk Gottes führen. Daher werden auch am Ende des Grundrechtskataloges die Gläubigen aufgefordert, in der Ausübung ihrer Rechte auf das Gemeinwohl der Kirche, auf die Rechte anderer und ihre eigenen Pflichten gegenüber anderen Rücksicht zu nehmen (c. 223 § 1). Auf diesem Hintergrund hat jeder Gläubige das Recht auf:

- freie Meinungsäußerung (cc. 212 §§ 2-3, 218),
- geistliche Hilfen in Wort und Sakrament (c. 213),
- Rituszugehörigkeit und eigene Form der Spiritualität (c. 214),
- Vereinigungs- und Versammlungsfreiheit (c. 215),
- apostolische Tätigkeit (c. 216; vgl. auch c. 211),
- christliche Erziehung (c. 217),
- Forschungsfreiheit (c. 218),
- freie Wahl des Lebensstandes (c. 219),
- Schutz des guten Rufes und der Intimsphäre (c. 220),
- Rechtsschutz (c. 221).

---

[25] Die Wahrung der Gemeinschaft mit der Kirche beinhaltet näherhin: Streben nach Heiligkeit des Lebens und Heiligung der Kirche (c. 210), Mitwirkung an der kirchlichen Heilssendung (c. 211), Gehorsam im Bewußtsein der eigenen Verantwortung (c. 212 § 1), Beitragsleistung für die Erfordernisse der Kirche (c. 222 § 1), Förderung der sozialen Gerechtigkeit und Unterstützung der Armen (c. 222 § 2).

Zur Normierung von Rechten gehört immer zugleich auch die Festlegung, wie diese rechtmäßig geltend gemacht und vor dem zuständigen (kirchlichen) Gericht verteidigt werden können (c. 221 § 1; vgl. c. 1400).[26] Rechtsstreitigkeiten unter Gläubigen sollen zwar nach Möglichkeit vermieden oder friedlich beigelegt werden (c. 1446), müssen aber auch rechtlich geregelt werden, um den Grundsatz des Rechtsschutzes zu gewährleisten. Allerdings ist es mit dem CIC/1983 nicht zu einem Ausbau der kirchlichen Verwaltungsgerichtsbarkeit gekommen. Wer sich durch eine Verwaltungsentscheidung in seinen Rechten beschwert fühlt, kann Einwendungen bei dem vorbringen, der das Dekret erlassen hat, um dadurch eine Zurücknahme oder Abänderung der getroffenen Entscheidung zu bewirken; wenn dies erfolglos verlaufen ist, kann er Beschwerde bei dem zuständigen kirchlichen Oberen einlegen, um die Rechtslage prüfen zu lassen (vgl. cc. 1732-1739). Diese Regelung ist sicherlich noch verbesserungsbedürftig, zeigt aber schon die Sensibilität des Gesetzgebers für subjektive Rechte in der Kirche.

3.2 Menschenrechte

Die Menschenrechte gründen in der Würde der menschlichen Person und sind insofern Bestandteil der Schöpfungsordnung. Sie sind daher nicht nur der staatlichen, sondern auch der kirchlichen Rechtsordnung vorgegeben und müssen auch im innerkirchlichen Bereich beachtet werden; nach innen wie nach außen muß die Kirche für die Menschenrechte eintreten.[27] Das heißt aber nicht, daß ein kirchliches Gesetzbuch die Menschenrechtskataloge wiederholen muß, die bereits in staatlichen Verfassungen oder internationalen Abkommen formuliert sind; andernfalls könnte die Kirche mit einer politischen Gemeinschaft verwechselt werden und die Andersartigkeit ihrer Zielsetzung bliebe unberücksichtigt. Für die (inner-)kirchliche Rechtsordnung kommt es entscheidend darauf an, daß die Menschenrechte im Hinblick auf den Heilsauftrag der Kirche bestimmt werden und einen kritischen Maßstab zur Beurteilung des kirchlichen Rechts darstellen: Denn "aus ihrer eigenen Erfahrung weiß die Kirche, daß ihr Einsatz für die Förderung der Menschenrechte eine

---

[26] Vgl. die Leitsätze 6 und 7 zur CIC-Reform, in: Communicationes 1 (1969), 83 bzw. CIC/1983, lat.-dt., XLII-XLV.

[27] Zur Annäherung der Kirche an die Menschenrechtsidee vgl. u.a. P. Krämer, Die Idee der Menschenrechte und Grundrechte in der katholischen Tradition, 229-233.

ständige Selbstprüfung und Reinigung ihres eigenen Lebens, ihrer Gesetze, Institutionen und Planungen verlangt."[28] Daher erweist sich der Einsatz der Kirche für die Menschenrechte nur dann als glaubwürdig, wenn sie immer wieder zur Selbstprüfung und Reinigung ihrer Gesetze bereit ist, wenn sie bekennt, daß es auch in ihrer Geschichte Verstöße gegen die Würde des Menschen gegeben hat.

Menschenrechte sind also insofern für eine kirchliche Rechtsordnung von Bedeutung, als mit ihrer Hilfe die Heilssendung der Kirche verdeutlicht und der Eigenart und Zielsetzung der Kirche Rechnung getragen wird. In diesem Sinn gewährleistet z.B. c. 212 § 3 das Recht auf freie Meinungsäußerung: die Gläubigen haben das Recht und bisweilen die Pflicht, ihre Meinung in dem, was das Wohl der Kirche angeht, kundzutun.[29] Daß das Recht auf freie Meinungsäußerung auch in anderen Bereichen gegeben sein muß, ist nicht Gegenstand der kirchlichen Rechtsordnung. Entsprechendes gilt für das Vereinigungsrecht, das in c. 215 nur im Hinblick auf Vereinigungen garantiert wird, die in irgendeiner Art und Weise die Zielsetzung der Kirche unterstützen. Umgekehrt können Gläubige gemäß c. 1374 mit einer Kirchenstrafe belegt werden, wenn sie Vereinigungen beitreten, die gegen die Kirche agitieren; hierdurch wird das Recht auf Vereinigung entsprechend dem Heilsauftrag der Kirche modifiziert, keineswegs aber außer Kraft gesetzt.

Menschenrechte kommen im kirchlichen Gesetzbuch nicht nur innerhalb des Katalogs über die Pflichten und Rechte aller Gläubigen zur Sprache, sondern auch in vielen anderen Zusammenhängen. So wird zu Beginn des Verkündigungsdienstes festgestellt, daß die Kirche das Recht hat, auch über innerweltliche Angelegenheiten zu urteilen, "insoweit die Grundrechte der menschlichen Person oder das Heil der Seelen dies erfordern" (c. 747 § 2). Unter den Grundrechten sind hier die Menschenrechte zu verstehen, d.h. die Rechte, die in der Würde der menschlichen Person gründen und zum Verkündigungsauftrag der Kirche dazugehören.[30] Innerhalb des Eherechts wird in c. 1058 der Grundsatz der Eheschließungsfreiheit betont (vgl. auch c. 219). Die Bedeutung, die das kirchliche Gesetzbuch

---

[28] Papst Paul VI., Wort und Weisung im Jahr 1974, Città del Vaticano o.J., 357.

[29] Freilich ist c. 212 § 3 mit allzu vielen Einschränkungen und Vorbehalten versehen, in denen sich eine gewisse Ängstlichkeit des Gesetzgebers äußern mag. Vgl. auch G. Luf, Grundrechte im CIC/1983, 127 f.

[30] Zur kirchlichen Anerkennung des Rechts auf religiöse Freiheit, das in c. 748 § 2 anklingt, vgl. P. Krämer, Kirchenrecht I, 25, 38 f.

den Menschenrechten zuerkennt, geht außerdem aus der Tatsache hervor, daß die Verletzung von Menschenrechten unter Strafe gestellt wird; namentlich werden Straftaten gegen Leben und Freiheit des Menschen genannt: Mord, Entführung, Körperverletzung und Abtreibung (cc. 1397-1398).[31] Gewiß wird die politische oder gesellschaftliche Wirkung kirchlicher Sanktionen in dieser Hinsicht gering sein; doch geht es um die Glaubwürdigkeit der Kirche, von der zu Recht erwartet wird, daß sie sich auch in ihrer Rechtsordnung von Menschenrechtsverletzungen distanziert.

3.3 Christenrechte

Über die Menschenrechte hinaus sind im Katalog über die Pflichten und Rechte aller Gläubigen auch spezifische Christenrechte enthalten, d.h. Rechte, die nicht in der Würde der menschlichen Person, sondern in der Zugehörigkeit zur Kirche ihre Grundlage haben; hierzu gehören u.a. das Recht auf: die geistlichen Güter der Kirche (c. 213), auf eine eigene Form der Spiritualität (c. 214) und auf Ausübung des Apostolats (c. 216). Diese Rechte sind *keine vorkirchlichen* Rechte; sie liegen der Kirche nicht voraus, so daß in diesem Sinn auch keine Analogie zu den Menschenrechten besteht, die *vorstaatliche* Rechte darstellen. Vielmehr kommen die spezifischen Christenrechte erst durch ein kirchliches Tun zustande, nämlich durch die Begründung der Kirchenzugehörigkeit im Sakrament der Taufe.

Gleichwohl ist eine deutliche Anknüpfung der spezifischen Christenrechte an die Menschenrechtsidee nicht zu verkennen. Denn wie die Menschenrechte sind auch die spezifischen Christenrechte der jeweiligen Autorität vorgegeben und wollen einen subjektiven Freiheitsraum für den Einzelnen gewährleisten; sie richten sich gegen willkürliche Vorgehensweisen kirchlicher Amtsträger und wollen deutlich machen, daß alle Glieder der Kirche zur Mitwirkung an der kirchlichen Heilssendung berechtigt und berufen sind (vgl. c. 211).

Zwar steht es der kirchlichen Autorität zu, "im Hinblick auf das Gemeinwohl die Ausübung der Rechte, die den Gläubigen eigen sind, zu regeln" (c. 223 § 2). Diese Norm besagt aber keineswegs, daß die Rechte der Gläubigen in ihrer Substanz angetastet werden dürften,

---

31 Das neue Gesetzbuch der unierten Ostkirchen stellt in c. 1451 CCEO ausdrücklich auch die Anwendung der (physischen oder psychischen) Folter unter Strafe.

was zur Folge hätte, daß der einzelne Gläubige rechtlos in die kirchliche "communio" aufgehoben, in sie gleichsam eingeschmolzen wäre. Sie will vielmehr in Erinnerung rufen, daß die kirchlichen Grundrechte nicht im Gegensatz zur "communio", zur Gemeinschaft der Gläubigen, ausgeübt werden dürfen, sondern erst in dieser "communio" zur Entfaltung kommen können. Dabei wird es in der Kirche wie in jeder Gemeinschaft immer und legitimerweise ein polares Spannungsverhältnis im Gegenüber von Individuum und (kirchlicher) Gemeinschaft geben müssen, das stets nach zwei Seiten hin bedroht ist: Es kann individualistisch zu Lasten der Gemeinschaft oder kollektivistisch zu Lasten des einzelnen Gläubigen aufgelöst werden. Der Auflösung im kollektivistischen Sinn widerstreitet die Formulierung von kirchlichen Grundrechten; gegen eine Auflösung im individualistischen Sinn steht die Möglichkeit der kirchlichen Autorität, die Ausübung der Grundrechte im Blick auf die "communio" näher zu bestimmen.

Unter den spezifischen Christenrechten ragt das Recht auf die geistlichen Güter hervor, d.h. das Recht auf den Dienst des Wortes und der Sakramente (c. 213). Es war schon im früheren Gesetzbuch enthalten, dort aber unsachgemäß nur auf die Laien hin formuliert (c. 682 CIC/1917). Dem Recht auf die geistlichen Güter der Kirche, das *allen* Gläubigen zusteht, kommt insofern eine besondere Bedeutung zu, als es auf die institutionellen Elemente der Kirchenverfassung hinweist, auf die Lebensvollzüge der Kirche in Wort und Sakrament, durch die die christliche Existenz auferbaut wird. Allerdings hätte in diesem Zusammenhang auch das vom II. Vatikanischen Konzil herausgestellte Recht auf Ausübung der je eigenen Charismen (LG 12,2; AA 3,4) angeführt werden sollen, das vom kirchlichen Gesetzbuch an keiner Stelle erwähnt wird. Die Gläubigen haben nicht nur das Recht, den Dienst des Wortes und der Sakramente von den geistlichen Amtsträgern zu empfangen, sondern auch das Recht (und die Pflicht), die empfangenen Gnadengaben zum Aufbau und Wachstum der Kirche auszuüben.

Dem Recht auf den Dienst des Wortes und der Sakramente entspricht umgekehrt die Pflicht der geistlichen Amtsträger, das Wort zu verkünden und die Sakramente zu spenden, wobei der konkrete Vollzug von rechtlichen Bestimmungen über die Disposition des Empfängers bzw. die Zuständigkeit des geisltichen Amtsträgers abhängt (vgl. c. 223 § 2).

3.4 Laienrechte

Dem Katalog über die Pflichten und Rechte aller Gläubigen fügt der CIC/1983 in einem eigenen Abschnitt die "Pflichten und Rechte der Laien" (cc. 224-231) an. Weil das Gesetzbuch aber keinen einheitlichen Laienbegriff aufweist und das den Laien nach LG 31 spezifizierende Merkmal des Weltcharakters vernachlässigt, erscheinen viele Laienrechte als unnötige und ungeschickte Wiederholung von Christenrechten. Laienrechte, die sich ohne Unterschied auf alle Gläubigen aufgrund des gemeinsamen Priestertums beziehen, hätten im Katalog der Christenrechte (oder an einem anderen geeigneten Ort innerhalb des CIC) untergebracht werden müssen.[32] Dies gilt insbesondere für c. 228 § 1 (Übernahme kirchlicher Ämter und Aufgaben), c. 228 § 2 (Befähigung zur beratenden Tätigkeit), c. 229 § § 2-3 (Studium und Lehre der Theologie), c. 230 (Ausübung liturgischer Dienste) und c. 231 (Recht auf angemessene Vergütung, soziale Für- und Vorsorge). Nur dann, wenn es gelingt, "indoles saecularis" als qualifizierendes Merkmal des Laien in rechtlicher Hinsicht zu erfassen, ist ein eigener Abschnitt über Laienrechte gerechtfertigt und kann theologisch verantwortbar zwischen "christifidelis" und "christifidelis laicus" unterschieden werden. Dabei darf die Betonung des Weltcharakters nicht dazu führen, Laien dem Weltdienst, Kleriker hingegen dem Heilsdienst zuzuordnen. Es geht vielmehr um die *eine* Heilssendung der Kirche in die Welt, die freilich spezifische Berufungen in sich schließt. Aufgrund des Weltcharakters kommt den Laien die Aufgabe zu, "die Ordnung der zeitlichen Dinge im Geist des Evangeliums zu gestalten" (c. 225 § 2). Diese säkulare Verantwortung wirkt aber in die Kirche zurück und muß für innerkirchliche Belange dadurch fruchtbar gemacht werden, daß die Laien ihre beratende Tätigkeit auch und gerade in den vorgesehenen Beratungsorganen (Pfarrgemeinderat, Diözesanpastoralrat) ernst nehmen (vgl. c. 228 § 2).

Im Zusammenhang der Laienrechte stellt c. 230 § 1 fest, daß nur männlichen Laien in einem liturgischen Akt die Dienste des Lektors und des Akolythen auf Dauer übertragen werden können. In der Grundstellung des Gläubigen wird also hier ein Unterschied gemacht zwischen männlichen und weiblichen Laien, der wohl kaum mit der Aussage über die wahre Gleichheit in c. 208 vereinbar ist. Insofern diese Dienste Vorbereitungsstufen für das Weihesakrament

---

[32] Vgl. hierzu E. Braunbeck, Der Weltcharakter des Laien, 133-136, 262-270.

darstellen, genügt der entsprechende Hinweis in c. 1035. Wenn diese Dienste aber nicht Vorbereitungsstufen für das Weihesakrament sind, müßten sie auch Frauen zugänglich sein.

Strittig ist ferner die Interpretation von c. 230 § 2. Die in dieser Norm genannten liturgischen Dienste (Lektor, Kommentator, Kantor und andere Aufgaben) sind *allen* Laien zugänglich. Sind damit auch Frauen zum Dienst am Altar zugelassen, also Meßdienerinnen rechtlich erlaubt? Im früheren Gesetzbuch war es noch ausdrücklich verboten, daß Frauen während des Gottesdienstes den Altarraum betreten (c. 813 CIC/1917). Hat somit c. 230 § 2 CIC das Verbot der Ministrantinnen, das auch nach dem Vaticanum II mehrfach wiederholt wurde, aufgehoben? Beruft man sich auf den Verweis ("nach Maßgabe des Rechts": c. 230 § 2), bleiben die liturgischen Bestimmungen in Kraft, die das Verbot der Ministrantinnen einschärfen. Stützt man sich aber auf die Aussage, daß die genannten Dienste "allen" Laien zustehen (vgl. auch c. 208), dürfte das Verbot aufgehoben sein.[33]

Von diesen Regelungen und Schwierigkeiten abgesehen, hat der CIC/1983 im Hinblick auf die Ämter und Aufgaben, die Laien übertragen werden können, die rechtliche Gleichstellung der Frau verwirklicht. In der Grundstellung des Gläubigen, d.h. in dem, was allen Gläubigen aufgrund von Taufe und Firmung gemeinsam ist,[34] gibt es daher "keine Ungleichheit aufgrund von Rasse und Volkszugehörigkeit, sozialer Stellung oder Geschlecht" (LG 32,2), auch wenn Frauen nach geltendem Recht (c. 1024) nicht zum Weihesakrament zugelassen sind.[35]

---

33 Vgl. L. Müller, Gilt das Verbot der Meßdienerinnen noch?, 130-136.

34 Einige Normen sehen Sonderregelungen für Männer und Frauen vor, ohne daß hierdurch ein Unterschied im Hinblick auf kirchliche Ämter und Aufgaben gegeben wäre, die von Laien ausgeübt werden können: vgl. c. 111 § 1 (Zugehörigkeit des Kindes zur Rituskirche des Vaters bei fehlender Einigung der Eltern), c. 1083 § 1 (unterschiedliches Ehemündigkeitsalter für Mann und Frau), c. 1089 (Ehehindernis des Frauenraubes). Im Ordensrecht sind einige Sonderregelungen für Nonnenklöster gegeben, die für männliche Ordensinstitute nicht bestehen (vgl. z.B. cc. 609 § 2, 614, 616 § 4).

35 Vgl. hierzu P. Krämer, Kirchenrecht I, 100.

4 *Gläubige im besonderen Dienst der Kirche*

Alle Gläubigen sind zur Mitwirkung an der Sendung der Kirche berufen und verpflichtet. Kleriker und kirchenamtlich beauftragte Laien oder Ordenschristen sind darüber hinaus zu einem besonderen Dienst in der Kirche berufen. Während allerdings die Kleriker aufgrund der sakramentalen Weihe auf eine unwiderrufliche Indienstnahme hingeordnet sind, folgt für die Gläubigen aus Taufe und Firmung nicht die Pflicht, sich für die Übernahme eines besonderen Dienstes zur Verfügung zu stellen; Laien oder Ordenschristen, die im besonderen Dienst der Kirche stehen, können daher diesen Dienst jederzeit aufgeben, ohne in ihrer kirchlichen Existenz betroffen zu sein.[36]

4.1 Kleriker

4.1.1 Inkardination

Unter Inkardination ist der Aufnahmeakt in einen geistlichen Heimatverband (Teilkirche, Personalprälatur, Ordensinstitut[37]) zu verstehen. Jeder Kleriker muß einem geistlichen Heimatverband angehören, so daß es "clerici acephali" oder "vagi", d.h. Kleriker ohne Inkardinationsverhältnis nicht geben kann (c. 265). Das Inkardinationsverhältnis wird durch den Empfang der Diakonenweihe begründet und bringt zugleich eine rechtlich bestimmte Zuordnung zum jeweiligen Ordinarius, dem Vorsteher einer Teilkirche, eines Ordensinstituts oder einer Personalprälatur mit sich (vgl. cc. 266, 273).

Der Wunsch des II. Vatikanischen Konzils, das Rechtsinstitut der Inkardination den heutigen Verhältnissen anzupassen (vgl. PO 10,2), ist in mehrfacher Hinsicht durch den CIC/1983 verwirklicht worden:

- Um den pastoralen Bedürfnissen der Kirche und dem Wohl des Klerikers in einem stärkeren Maß zu entsprechen, ist die Vornahme einer Exkardination, die notwendigerweise zur Begründung eines neuen Inkardinationsverhältnisses führt, erleichtert worden (vgl. cc. 267-270).

---

36 Vgl. W. Aymans, Die Träger kirchlicher Dienste, 195 f.

37 "Ordensinstitut" steht hier als Teilbegriff für alle Lebensgemeinschaften nach den evangelischen Räten, die über ein Inkardinationsrecht verfügen (vgl. c. 266 §§ 2-3).

- Ebenso ist es einfacher geworden, in eine andere Teilkirche, in der man nicht inkardiniert ist, zu wechseln, um dort einen pastoralen Dienst zu übernehmen (c. 271); hierdurch wächst die Verantwortung der Teilkirchen füreinander.

- Neu ist die rechtliche Konstruktion einer Personalprälatur, d.h. einer Gemeinschaft aus Priestern und Diakonen[38], die über ein eigenes Inkardinationsrecht verfügt.[39] Eine solche Gemeinschaft kann vom Apostolischen Stuhl errichtet werden, "um eine angemessene Verteilung der Priester zu fördern oder um besondere seelsorgliche oder missionarische Werke ... zu verwirklichen" (c. 294). In der Wahrnehmung ihrer seelsorglichen und missionarischen Werke ist die Personalprälatur freilich auf die vorausgehende Zustimmung des Diözesanbischofs verwiesen, in dessen Teilkirche sie tätig wird oder tätig zu werden beabsichtigt (c. 297); denn alle Werke des Apostolats, die in einer Teilkirche ausgeübt werden, unterstehen der koordinierenden Leitung des Diözesanbischofs (c. 394 § 1).

4.1.2 Pflichten und Rechte

Der CIC/1983 spricht nicht mehr wie sein Vorgänger von Privilegien, die dem klerikalen Stand eine bevorzugte Stellung in der Gesellschaft absichern sollten[40], sondern von Pflichten und Rechten, die den Klerikern im Hinblick auf den geistlichen Dienst zukommen (cc. 273-289). Aufgrund der sakramentalen Weihe ist der Kleriker zu einem besonderen Dienst in der Kirche berufen (cc. 1008, 1025 § 2) und verpflichtet, die ihm vom Ordinarius übertragenen Aufgaben wahrzunehmen (c. 274 § 2). Diese im Sakrament der Weihe grundgelegte Verpflichtung bedeutet zugleich, daß der Kleriker einen Anspruch auf Verwendung im geistlichen Dienst[41] und auf angemessene Vergütung hat (vgl. cc. 269 n. 1, 281).[42] Hierbei handelt es

---

[38] Auch Laien können an den Werken der Personalprälatur beteiligt werden, deren Rechtsstellung in den Statuten näher zu bestimmen ist (c. 296).

[39] Vgl. M. Benz, Die Personalprälatur, 25-60.

[40] Unter den Privilegien der Kleriker wurden aufgeführt: Schutz vor Tätlichkeiten, eigener Gerichtsstand, Befreiung vom Militärdienst, Schutz des für den Lebensunterhalt Notwendigen (cc. 119-122 CIC/1917).

[41] Das Recht auf Verwendung in einem geistlichen Dienst kann allerdings wegen einer schwerwiegenden Dienstpflichtverletzung oder auch wegen Untauglichkeit z.B. aufgrund einer Geisteskrankheit verwirkt werden.

[42] Der Anspruch auf angemessene Vergütung wird nur bei Verlust des klerikalen Standes hinfällig (vgl. cc. 292, 1350).

sich aber nicht um ein arbeitsrechtliches und vertraglich abgesichertes Lohnverhältnis, sondern um eine kirchliche Gegenleistung dafür, daß der Kleriker sich voll und ganz für den Dienst in der Kirche zur Verfügung stellt. Um den geistlichen Dienst möglichst fruchtbringend ausüben zu können, haben die Kleriker außerdem das Recht auf Vereinigung (c. 278), theologische Fortbildung (c. 279), Pflege des Gemeinschaftslebens (c. 280), Urlaub und Erholung (c. 283 § 2).

Die im Gesetzbuch herausgestellten Pflichten greifen sehr stark in die persönliche Lebensführung ein (c. 276): Empfehlung der täglichen Eucharistiefeier, Stundengebet, geistliche Einkehrtage, betrachtendes Gebet, häufiger Empfang des Bußsakramentes, Pflicht, eine "geziemende kirchliche Kleidung" zu tragen (c. 284)[43], Ermahnung zur Einfachheit im Lebensstil (c. 282) und zur Distanz gegenüber weltlichen Aufgaben und Ämtern (cc. 285-287). Den Klerikern ist ausdrücklich untersagt, öffentliche Ämter anzunehmen, die eine Teilhabe an der Ausübung weltlicher Gewalt mit sich bringen (c. 285 § 3), wie auch die aktive Mitwirkung in politischen Parteien oder in der Leitung von Gewerkschaften (c. 287 § 2).[44] Die Distanz zu weltlichen Aufgaben kommt ferner in der Vorschrift zum Ausdruck, daß sich die Kleriker und die Weihekandidaten nur mit Erlaubnis ihres Ordinarius freiwillig zum Militärdienst melden dürfen (c. 289 § 1).

Der stärkste Eingriff in die persönliche Lebensführung ist wohl die Zölibatsverpflichtung. Diese den Klerikern auferlegte Verpflichtung zur Ehelosigkeit um des Himmelreiches willen, wird in c. 277 § 1 als "besondere Gabe Gottes" bezeichnet, "durch welche die geistlichen Amtsträger mit ungeteiltem Herzen Christus leichter anhangen und sich dem Dienst an Gott und den Menschen freier widmen können". Diese Formulierung des Gesetzgebers macht deutlich, daß die Zölibatsverpflichtung nur dann übernommen und glaubwürdig gelebt werden kann, wenn der Weihekandidat bzw. der geistliche Amtsträger sie nicht als äußeres Gesetz begreift, das ihm mehr oder we-

---

43 Worin die kirchliche Kleidung besteht, ist in c. 284 nicht gesagt; hierfür wird auf das Partikularrecht und die örtlichen Gewohnheiten verwiesen (vgl. H. Schmitz, F. Kalde, Partikularnormen, 16 f.). Für ständige Diakone gilt die Ausnahmeregelung nach c. 288.

44 Mitgliedschaft in politischen Parteien und die Mitarbeit in Gewerkschaften, ohne leitende Funktionen zu übernehmen, sind von dem Verbot nicht erfaßt; außerdem kann eine aktive Mitwirkung erlaubt werden, "um die Rechte der Kirche zu schützen oder das allgemeine Wohl zu fördern" (c. 287 § 2).

niger aufgenötigt worden ist, sondern als eine positive Möglichkeit, den priesterlichen Dienst auszuüben. Aus der Zölibatsverpflichtung folgt, daß die Ehe gemäß c. 1042 n. 1 ein Weihehindernis darstellt, von dem nur der ständige Diakonat ausgenommen ist; umgekehrt bildet die Weihe gemäß c. 1087 ein Ehehindernis. Freilich ist die Rechtswirkung je verschieden: Während das Weihehindernis nur zur Unerlaubtheit der Weihespendung führt, hat das Ehehindernis die Ungültigkeit einer Eheschließung zur Folge, sofern von dem vorliegenden Hindernis nicht dispensiert worden ist. Um zu gewährleisten, daß die Zölibatsverpflichtung freiwillig übernommen wird, muß vor der Diakonenweihe ihre Übernahme nach einem vorgeschriebenen Ritus öffentlich bekundet werden (c. 1037); außerdem ist eine schriftliche Erklärung erforderlich, aus der hervorgeht, daß der Kandidat von sich aus und frei den Empfang der Weihe erbittet (c. 1036). Um zu gewährleisten, daß die Zölibatsverpflichtung in glaubwürdiger Weise gelebt wird, sind für schwerwiegende Verstöße gegen diese Verpflichtung gemäß cc. 1394-1395 bestimmte Sanktionen vorgesehen, die Entlassung aus dem geistlichen Stand nicht ausgenommen.

Die rechtliche Regelung der Zölibatsverpflichtung steht in der Kontinuität des II. Vatikanischen Konzils, das feststellt: Der "im Geheimnis Christi und seiner Sendung begründete Zölibat wurde zunächst den Priestern empfohlen und schließlich in der lateinischen Kirche allen, die die heilige Weihe empfangen sollen, als Gesetz auferlegt. Diese Heilige Synode billigt und bekräftigt von neuem das Gesetz für jene, die zum Priestertum ausersehen sind" (PO 16,3). Dabei weiß auch das Konzil, daß die Zölibatsverpflichtung nicht "vom Wesen des Priestertums selbst" gefordert ist, "wie die Praxis der frühesten Kirche und die Tradition der Ostkirchen zeigen, wo es neben solchen, die aus gnadenhafter Berufung zusammen mit allen Bischöfen das ehelose Leben erwählten, auch hochverdiente Priester im Ehestand gibt. Wenn diese Heilige Synode dennoch den kirchlichen Zölibat empfiehlt, will sie in keiner Weise jene andere Ordnung ändern, die in den Ostkirchen rechtmäßig Geltung hat" (PO 16,1). Nach der Lehre des Konzils können für die lateinische Tradition also nur Angemessenheitsgründe vorgebracht werden, die darauf abzielen, daß die Priester in der Nachfolge Christi stehen und sich für die Sendung Christi ganz und ungeteilt in Dienst nehmen lassen (vgl. PO 16,2). Deshalb gibt es auch in der katholischen Kirche nach geltendem Recht drei Ausnahmen:

- Im Gesetzbuch für die unierten Ostkirchen wird die ostkirchliche Praxis verheirateter Priester (neben der Lebensform unverheirateter Priester) ausdrücklich bestätigt (c. 373 CCEO).

- Nach dem Recht der lateinischen Kirche können gemäß c. 1031 § 2 verheiratete Weihebewerber für den ständigen Diakonat zugelassen werden.[45] Allerdings muß eine beabsichtigte Eheschließung der Diakonenweihe vorausgehen, darf ihr also - wie auch in der ostkirchlichen Praxis - nicht nachfolgen; im Einzelfall könnte wohl vom Ehehindernis der empfangenen Weihe (c. 1087) dispensiert werden, wenn z.B. ein verwitweter Diakon beabsichtigt, eine neue Ehe einzugehen.

- Verheirateten Geistlichen, die zur katholischen Kirche konvertieren, kann die Zölibatsverpflichtung nicht auferlegt werden. Dieser Sonderfall ist zwar nicht im Gesetzbuch geregelt, wohl aber in päpstlichen Dokumenten ausdrücklich genannt.[46]

4.1.3 Verlust des klerikalen Standes

Im Unterschied zum früheren Gesetzbuch spricht der CIC/1983 nicht mehr von der "Zurückversetzung der Kleriker in den Laienstand"[47], sondern vom "Verlust des klerikalen Standes". Diese sprachliche Änderung ist dadurch veranlaßt worden, daß im theologischen Verständnis die Zurückversetzung eines gültig geweihten Diakons oder Priesters in den Laienstand nicht möglich ist. Nur im unfachlichen Sinn wird von "Laiisierung" bzw. "Laisierungsverfahren" gesprochen, weil eine gültig empfangene Weihe niemals ungültig gemacht werden kann (vgl. c. 290). Wohl kann durch richterliches Urteil oder Verwaltungsdekret gemäß cc. 290 n. 1, 1708-1712 die Ungültigkeit einer Weihe festgestellt werden. In diesem Fall wird aber nicht etwas ungültig gemacht, was zuvor gültig war, sondern nur erklärt,

---

[45] Der Diakonat als eigene und ständige Stufe, also nicht nur als Durchgangsstufe zum Presbyterat, ist vom II. Vaticanum wiederentdeckt und wiederhergestellt worden (vgl. LG 29,2; OE 17; AG 16,6).

[46] Vgl. Papst Johannes Paul II., Nachsynodales Apostolisches Schreiben "Pastores dabo vobis" vom 25.3.1992, n. 29; dt. Übersetzung in: Verlautbarungen des Apostolischen Stuhles 105, hrsg. v. Sekretariat der Deutschen Bischofskonferenz, Bonn 1992, 52; Papst Johannes Paul VI., Enzyklika "Sacerdotalis caelibatus" vom 24.6.1967, in: AAS 59 (1967), 657-697, n. 42; mit dt. Übersetzung in: NKD 8, 28-111, hier: 62 f.

[47] Vgl. die Titelüberschrift vor c. 211 CIC/1917.

daß die Weihe aus einem schwerwiegenden Grund (z.B. Weihespendung durch einen Nichtbischof, fehlende Taufe beim Empfänger der Weihe) von Anfang an ungültig war. Ein Weihenichtigkeitsverfahren ist viel seltener als ein Ehenichtigkeitsverfahren und wesentlich schwieriger durchzuführen, weil die Weihehindernisse (cc. 1040-1042) im Unterschied zu den Ehehindernissen keine die sakramentale Handlung verungültigende Wirkung haben.

Vom Weihenichtigkeitsverfahren abgesehen, das dem logischen Aufbau vom c. 290 eigentlich entgegensteht, kann die Zugehörigkeit zum klerikalen Stand auf zwei Weisen verlorengehen:[48]

- Zwangsmäßig tritt der Verlust des klerikalen Standes durch die Strafe der Entlassung ein (cc. 290 n. 2, 1336 § 1 n. 5). Voraussetzung hierfür ist das Vorliegen eines Delikts, das die Ausübung des geistlichen Dienstes unmöglich oder unglaubwürdig macht, z.B. Glaubensabfall oder Kirchenaustritt (c. 1364 § 2), Verunehrung der eucharistischen Gestalten (c. 1367), Eheschließungsversuch (c. 1394), eheähnliches Zusammenleben (c. 1395 § 1), Sexualdelikte (c. 1395 § 2). Die Strafe der Entlassung aus dem klerikalen Stand kann nicht auf dem Verwaltungsweg (vgl. cc. 1342 § 2, 1425 § 1 n. 2), sondern nur durch einen Strafprozeß gemäß cc. 1717-1731 verhängt werden.

- Auf Antrag des Klerikers kann die Zugehörigkeit zum klerikalen Stand durch ein Reskript des Apostolischen Stuhles aufgehoben werden (c. 290 n. 3). Das Reskript stellt einen schriftlich erlassenen Verwaltungsakt der kirchlichen Autorität dar (vgl. c. 59), in welchem der Bitte eines Antragstellers entsprochen wird, ohne daß dieser hierauf einen Rechtsanspruch hat. Durch ein Reskript kann also nicht gegen den Willen des Betroffenen eine Entlassung aus dem klerikalen Stand ausgesprochen werden.

Die Entlassung aus dem klerikalen Stand zieht den Verlust aller mit dem Klerikerstand verbundenen Rechte und Pflichten nach sich (c. 292), freilich mit Ausnahme der Zölibatsverpflichtung; denn die Dispens von der Zölibatsverpflichtung wird gemäß c. 291 einzig und allein vom Papst gewährt. Dies stellt insofern eine Neuerung

[48] Vgl. hierzu u.a. H. Heimerl, Der Zölibat, 54-90.

gegenüber dem CIC/1917 dar, als der nach c. 214 CIC/1917 durchgeführte Weiheprozeß einer unter Furcht und Zwang empfangenen Weihe unmittelbar auch die Dispens von der Zölibatsverpflichtung zur Folge hatte. Da ein solcher Weiheprozeß im geltenden Recht nicht mehr vorgesehen ist, bleibt nur die Möglichkeit, die Entlassung aus dem geistlichen Stand auf dem Verwaltungsweg (c. 290 n. 3) zu erbitten und zusätzlich die Dispens von der Zölibatsverpflichtung nach c. 291 zu beantragen.[49]

Für die Dispens von der Zölibatsverpflichtung nach c. 291 gelten die Richtlinien, die die Kongregation für die Glaubenslehre in einem Rundschreiben vom 14.10.1980 erlassen hat.[50] Hiernach können Priester einen Antrag auf Dispens von der Zölibatsverpflichtung stellen, und zwar zum einen, wenn sie schon längere Zeit den priesterlichen Dienst aufgegeben haben und ihre Lebenssituation, die sie nicht mehr ändern können, in Ordnung bringen wollen, zum anderen, wenn sie geltend machen, daß sie für den Empfang der Weihe nicht über die erforderliche Freiheit und Verantwortlichkeit verfügten oder ihre Eignung hinsichtlich der Zölibatsverpflichtung von den zuständigen kirchlichen Oberen nicht richtig beurteilt worden ist. Im ersten Fall geht es also um ein Versagen (Aufgabe des priesterlichen Dienstes), im zweiten Fall um psychische Umstände, aus denen abgeleitet wird, daß die Priesterweihe eigentlich gar nicht hätte gespendet werden dürfen. Zuständig für das Erhebungsverfahren ist (in der Regel) der Ordinarius, in dessen Teilkirche der Priester inkardiniert ist, bzw. der höhere Ordensobere. Wenn der Antrag begründet ist, muß er zur weiteren Prüfung der Kongregation für den Gottesdienst und die Sakramente zugeleitet werden, die daraufhin ein eigenes Votum erstellt und dieses dem Papst zur persönlichen Entscheidung vorlegt.

Da der Priester, der aus dem klerikalen Stand entlassen wurde, gültig geweihter Priester bleibt, behält er das Recht, einem Gläubigen, der sich in Todesgefahr befindet, das Bußsakrament zu spenden (c. 976). Ansonsten darf er keine priesterlichen Funktionen ausüben; ihm sind alle Ämter, Aufgaben und (delegierten) Vollmachten entzogen (c. 292).

---

[49] Sollte der Zwang so groß gewesen sein, daß der Kandidat gar nicht die rechte Intention zum Empfang der Weihe aufbringen konnte oder aufgebracht hat, könnte auch die Gültigkeit der empfangenen Weihe angefochten werden (c. 290 n. 1); in diesem Fall müßte nicht eigens um Dispens von der Zölibatsverpflichtung nachgesucht werden (vgl. c. 291)

[50] AAS 72 (1980), 1132-1137; vgl. ÖAKR 32 (1981), 113-115.

4.2 Laien

In vielfältiger Weise können Laien kirchliche Ämter und Aufgaben übertragen werden. Das kirchliche Gesetzbuch handelt hierüber nicht in einem eigenen Abschnitt; doch wird in verschiedenen Canones die Möglichkeit erwähnt oder zumindest vorausgesetzt, daß Laien aufgrund einer besonderen Beauftragung zu bestimmten Aufgaben und Ämtern herangezogen werden können:

- c. 145 – Die begriffliche Bestimmung eines Kirchenamtes ("officium ecclesiasticum") ist so weit gefaßt, daß darunter auch "Laienämter" fallen, die einem geistlichen Zweck dienen;
- c. 228 § 1 – Befähigung der Laien zu jenen kirchlichen Ämtern und Aufgaben, die sie gemäß den Rechtsvorschriften wahrzunehmen vermögen;
- c. 231 § 2 – Anspruch des im kirchlichen Dienst stehenden Laien auf angemessene Vergütung sowie auf Versorgung im Krankheitsfall und im Alter

Außer diesen allgemeinen Bestimmungen werden im Gesetzbuch konkrete Aufgaben und Ämter genannt, die Laien übertragen werden können (vgl. z.B. Mitwirkung im Bereich der Katechese und des Religionsunterrichts: cc. 759, 776, 804; Predigtdienst: c. 766; Lehrauftrag in Theologie: cc. 229 § 3, 812; Spendung der Kommunion: cc. 230 § 3, 910 § 2; Richteramt: cc. 1421 § 2, 1424).

Im Hinblick auf Ämter und Aufgaben, die Laien übertragen werden können, bleibt es dem Partikularrecht überlassen, Konkretisierungen vorzunehmen, die den örtlichen und geistlichen Bedingungen entsprechen. Nach den Statuten und Richtlinien, die die Deutsche Bischofskonferenz am 10.3.1987 in revidierter Fassung verabschiedet hat[51] und die den Rahmen für die diözesane Gesetzgebung bilden, können drei Berufsbilder für Laien im pastoralen Dienst voneinander abgehoben werden:

- " 'Gemeindereferent/Gemeindereferentin' bezeichnet einen hauptberuflichen pastoralen Dienst, der Männern und Frauen offensteht.

---

[51] Rahmenstatuten und -ordnungen für Gemeinde- und Pastoral-Referenten/Referentinnen, hrsg. v. Sekretariat der Deutschen Bischöfe, Bonn 1987 (= Die Deutschen Bischöfe, Heft 41).

Taufe und Firmung, die allen Gliedern der Kirche die Teilnahme am gemeinsamen Priestertum der Gläubigen vermitteln, sind auch die sakramentale Grundlage für diesen Dienst. Gemeinsam mit Priestern und anderen haupt- und ehrenamtlichen Mitarbeitern arbeiten Gemeindereferenten mit beim Aufbau und bei der Bildung lebendiger Gemeinden. Schwerpunkt ihres Dienstes ist die allgemeine Unterstützung des kirchlichen Amtes: Durch die Teilnahme an den drei Grunddiensten der Liturgie, der Verkündigung und der Diakonie tragen sie zur Wirksamkeit des Dienstes der Kirche in den verschiedenen Lebensbereichen bei. ...

Als kirchlicher Beruf steht ihr Dienst unter der Leitung des Bischofs, der sie auch zu ihrem Dienst bestellt. Im jeweiligen Einsatzbereich sind sie dem für die Leitung verantwortlichen Priester zugeordnet."[52]

Gemeindereferenten und -innen werden also vor allem im Bereich einer Pfarrgemeinde tätig; Voraussetzung für die Anstellung ist eine theologische Fachschul-, Seminar- oder Fachhochschulausbildung.

- " 'Pastoralreferent/Pastoralreferentin' bezeichnet einen hauptberuflichen pastoralen Dienst, der Männern und Frauen offensteht.

  Taufe und Firmung, die allen Gliedern der Kirche die Teilnahme am gemeinsamen Priestertum der Gläubigen vermitteln, sind auch die sakramentale Grundlage für diesen Dienst. Er ergänzt den Dienst des kirchlichen Amtes mit eigener Sachkompetenz in bestimmten pastoralen Sachgebieten. Spezifische Aufgabe der Pastoralreferenten ist es, mit den Gliedern der Gemeinden nach Wegen zu suchen, wie das Evangelium jeweils in Familie, Kirche und Gesellschaft gemäß den persönlichen und beruflichen Situationen gelebt und bezeugt werden kann. Durch die Begleitung von einzelnen und die Arbeit mit Gruppen helfen sie, Kirche mitaufzubauen und Lebensbereiche der Gesellschaft mitzugestalten.

  Für ihre Aufgabe bedürfen Pastoralreferenten entsprechender menschlicher und geistlicher Voraussetzungen sowie einer theologischen und pastoral-praktischen Ausbildung. Sie nehmen

[52] Rahmenstatut für Gemeindereferenten/Gemeindereferentinnen in den Bistümern der Bundesrepublik Deutschland, in: ebd., 7-15, hier: 7 Nr. 1.1.

ihre Aufgaben eigenverantwortlich wahr. Ihre Eigenverantwortung ist begründet in der Eigenständigkeit der ihnen zugeteilten pastoralen Sachgebiete sowie in der durch Ausbildung und Berufserfahrung erworbenen Kompetenz.

Als kirchlicher Beruf steht ihr Dienst unter der Leitung des Bischofs, der sie auch zu ihrem Dienst bestellt. Im jeweiligen Einsatzbereich sind sie dem für die Leitung verantwortlichen Priester zugeordnet."[53]

Pastoralreferenten und -innen werden hiernach auf pfarrlicher und überpfarrlicher Ebene durch eigenverantwortliche Übernahme einzelner pastoraler Sachgebiete tätig; Voraussetzung für die Anstellung ist ein theologischer Hochschulabschluß.

- " 'Pfarrhelfer/Pfarrhelferin' bezeichnet einen pastoralen Dienst, der haupt- oder nebenberuflich ausgeübt werden kann. Er steht Männern und Frauen offen.

  Voraussetzungen für diesen Beruf sind die Zugehörigkeit zur katholischen Kirche, die Übereinstimmung mit ihrer Glaubenslehre und Lebensordnung, die Bereitschaft zur Mitarbeit im kirchlichen Dienst, aktive Teilnahme an der in diesen Richtlinien und in der diözesanen Ordnung vorgesehenen Ausbildung."[54]

  Pfarrhelfer und -innen nehmen Büro- und Verwaltungsarbeiten zusammen mit einigen pastoralen Aufgaben wahr und bilden gleichsam eine Kontaktstelle zu den Gemeindegliedern. Sie sollen als haupt- oder nebenberufliche Mitarbeiter angestellt werden, wenn die Aufgaben nicht allein auf dem Weg ehrenamtlicher Dienste wahrgenommen werden können. Voraussetzung für die Anstellung ist der Abschluß einer kirchlichen Zusatzausbildung.

Die Mitarbeit im pastoralen Dienst stellt hohe Anforderungen an die persönliche Lebensführung des einzelnen. Von jedem, der einen pastoralen Dienst in der Kirche übernimmt, muß eine grundsätzliche Identifikation mit der Kirche und ihrer Lehre erwartet werden; dies gilt insbesondere auch für die (grundsätzliche und praktizierte)

---

[53] Rahmenstatut für Pastoralreferenten/Pastoralreferentinnen in den Bistümern der Bundesrepublik Deutschland, in: ebd., 33-40, hier: 33 Nr. 1.1.

[54] Richtlinien für Pfarrhelfer/Pfarrhelferinnen, in: ebd., 51-54, hier: 51 Nr. 1.2.

Einstellung zu Ehe und Familie. In dem Beschluß "Richtlinien über persönliche Anforderungen an Diakone und Laien im pastoralen Dienst im Hinblick auf Ehe und Familie"[55] hat die Deutsche Bischofskonferenz hierzu am 7.3.1979 festgelegt: Eheähnliches Zusammenleben, Abschluß einer religionsverschiedenen Ehe, ungültige Zweitehe sind mit der Übernahme eines pastoralen Dienstes bzw. mit der Fortsetzung des Beschäftigungsverhältnisses unvereinbar. Dagegen stellt der Abschluß einer konfessionsverschiedenen Ehe sowie Ehescheidung in der Regel einen Hinderungsgrund für die Übernahme eines pastoralen Dienstes dar, nicht aber eine Unvereinbarkeit; bei Weiterführung des pastoralen Dienstes ist die Zustimmung des Ordinarius erforderlich. Außerdem gilt, daß ein katholischer Christ einen haupt- oder nebenberuflichen pastoralen Dienst nicht wahrnehmen kann, wenn in seiner Ehe (mit einem katholischen oder konfessionsverschiedenen Partner) die Kinder nicht in der katholischen Kirche getauft und im katholischen Glauben erzogen werden.

Diese Bestimmungen wollen dazu beitragen, daß der pastorale Dienst glaubwürdig ausgeübt wird, d.h. nicht im Widerspruch zur eigenen Lebensführung. Um aber mögliche Härten für den einzelnen zu vermeiden, müssen die vorgesehenen Ausnahmeregelungen in großzügiger Weise angewandt werden; auch ein Rigorismus in der Anwendung kirchenrechtlicher Vorschriften kann der Glaubwürdigkeit eines pastoralen Dienstes schaden.

5 *Kirchliches Amt und geistliche Vollmacht*

Die verschiedenen Dienste und Aufgaben, die von Gläubigen - Priestern, Laien, Ordenschristen - wahrgenommen werden, haben zur rechtlichen Ausprägung kirchlicher Ämter geführt.

5.1 Amtsbegriff

Nach c. 145 § 1 ist unter einem kirchlichen Amt "jedweder Dienst" zu verstehen, der durch zwei Faktoren bestimmt ist:

- dauerhafte Einrichtung; die Dauerhaftigkeit kann im göttlichen oder rein kirchlichen Recht begründet liegen, je nachdem,

[55] Ebd., 55 f.

ob das jeweilige Amt für die Kirche konstitutiv und insofern unverzichtbar ist oder der freien Gestaltung unterliegt.

- geistliche Zielsetzung; das kirchliche Amt muß wenigstens mittelbar der Verwirklichung der Sendung dienen, die der Kirche aufgetragen ist, und unterscheidet sich insofern von Diensten, die einen rein weltlichen Charakter haben.

Anders als die rechtliche *Einrichtung* gehört die konkrete *Errichtung* (vgl. c. 148) nicht zur Wesensumschreibung eines Kirchenamtes, da dieses in der Regel nicht den Charakter einer juristischen Person hat. So ist z.B. mit der Errichtung einer Diözese als juristische Person ohne weiteres das Amt des Diözesanbischofs mitgegeben (vgl. cc. 369, 373, 393), mit der Errichtung einer Pfarrei das Amt des Pfarrers (vgl. cc. 515, 532).[56]

Das kirchliche Amt beinhaltet eine Bündelung von Aufgaben, Pflichten und Rechten, die in allgemeiner Weise vorgenommen wird (vgl. c. 145 § 2), und ist daher in seiner Existenz unabhängig vom jeweiligen Amtsinhaber.[57] Gleichwohl ruht das kirchliche Amt nicht in sich selbst, sondern hat nur dann einen Sinn, wenn es jemandem übertragen wird; es hat keinen Selbstzweck, sondern muß dem Aufbau der kirchlichen Gemeinschaft dienen.

Ein kirchliches Amt muß in kanonischer Weise übertragen werden (c. 146), d.h. unter Beachtung der Regeln, die das kanonische Recht für die Amtsübertragung vorsieht. Dabei ist zwischen der freien und gebundenen Amtsübertragung zu unterscheiden, je nachdem, ob die zuständige kirchliche Autorität an den Vorschlag, der zur Besetzung eines kirchlichen Amtes von anderer Seite gemacht wird, rechtlich gebunden ist oder nicht.[58]

Im Vergleich zur früheren Rechtslage hat der CIC/1983 zwei Unterscheidungen aufgegeben:

So ist in c. 145 § 1 CIC/1917 noch zwischen einem Kirchenamt im weiteren Sinn (jedweder geistliche Dienst) und einem Kirchenamt im

---

[56] Vgl. hierzu W. Aymans, Kanonisches Recht I, 446 f.

[57] Die Unabhängigkeit vom jeweiligen Amtsinhaber zeigt sich vor allem darin, daß das Amt als solches fortbesteht und nicht neu umschrieben werden muß, wenn der Amtsinhaber aus dem Amt ausscheidet; zum Verlust eines Kirchenamtes vgl. cc. 184-196.

[58] Zu den unterschiedlichen Formen der gebundenen Amtsverleihung (Einsetzung nach Präsentation, Bestätigung einer Wahl, Zulassung einer Wahlbitte) vgl. cc. 158-183 CIC.

engeren Sinn (dauerhafte Einrichtung – Teilhabe an Kirchengewalt) unterschieden worden. Demgegenüber geht c. 145 § 1 CIC/1983 von einem einheitlichen Amtsbegriff aus, der unterschiedslos auf alle Gläubigen anwendbar ist, denen ein kirchliches Amt übertragen werden soll. Indem nun nicht mehr auf die Teilhabe an Kirchengewalt Bezug genommen wird, ist eine Ausweitung im Amtsbegriff vorgenommen worden; dadurch kommt klarer in den Blick, daß auch Laien Träger kirchlicher Ämter sein können (vgl. c. 228 § 1).

Außerdem war das Ämterrecht im vorhergehenden Gesetzbuch geteilt, indem im Zusammenhang mit dem Klerikerrecht allgemein über das Kirchenamt (cc. 145-195 CIC/1917) und im Zusammenhang mit dem Sachenrecht über kirchliche Benefizien (cc. 1409-1494 CIC/1917) gehandelt wurde. Für die Zweiteilung des kirchlichen Ämterrechts ist ein vermögensrechtlicher Gesichtspunkt ausschlaggebend gewesen; denn das Benefizium (= Pfründe, bepfründetes Amt) bildet ein Zusammen von Amt und Vermögensmasse, dessen Erträge dem Amtsinhaber zugute kommen. Weil das Benefizialsystem gelegentlich zur einseitigen Hervorhebung des vermögensrechtlichen Gesichtspunktes geführt hatte, forderte das II. Vatikanische Konzil: "Deshalb soll das sogenannte Benefizialsystem aufgegeben oder wenigstens so reformiert werden, daß der Benefiziumsteil oder das Recht auf die aus der Übergabe des Amtes fließenden Einkünfte als zweitrangig gilt und der erste Platz im Recht dem kirchlichen Amt selbst eingeräumt wird; deshalb muß künftig jegliches ständig übertragene Amt so verstanden werden, daß es zur Erfüllung eines geistlichen Zweckes verliehen ist" (PO 20,2). Der Forderung des Konzils hat der CIC/1983 insofern entsprochen, als er kein Benefizialrecht mehr enthält; wo Benefizien aber noch bestehen, sollen sie nach Möglichkeit in eine diözesane Einrichtung überführt werden, die dem Unterhalt der Kleriker dient (c. 1272).

Die Einheitlichkeit im Amtsbegriff darf aber nicht darüber hinwegtäuschen, daß bestimmte Ämter nicht allen Gläubigen zugänglich sind, sondern den Empfang des Weihesakramentes voraussetzen. So können nach c. 150 Ämter, die der umfassenden Seelsorge dienen, gültigerweise nur Priestern übertragen werden. Ebenso können allein Klerikern Ämter übergeben werden, zu deren Ausübung Weihevollmacht oder kirchliche Leitungsvollmacht erforderlich ist (c. 274 § 1). Dies weist auf einen Zusammenhang zwischen Amt und Vollmacht hin, der noch näher zu bestimmen ist.

5.2 Ursprung und Umfang geistlicher Vollmacht

In den Texten des II. Vatikanischen Konzils ist mehrfach von einer "sacra potestas", einer heiligen oder geistlichen Vollmacht[59] die Rede, um die Funktion kirchlicher Amtsträger näher zu bestimmen. Überraschenderweise greift demgegenüber der CIC/1983 wieder auf die herkömmliche Begrifflichkeit zurück, die vom Konzil bewußt vermieden worden ist[60], und unterscheidet zwischen einer Weihevollmacht ("potestas ordinis") und einer Leitungs- bzw. Jurisdiktionsvollmacht ("potestas regiminis" bzw. "iurisdictionis"); "sacra potestas" wird im Gesetzbuch an keiner einzigen Stelle verwendet. Zwar muß ein Gesetzbuch nicht ohne weiteres die Sprache eines Konzils übernehmen; denn die jeweilige Aufgabenstellung ist verschieden. Umso wichtiger ist aber die Frage, ob und inwieweit die Anliegen des II. Vatikanischen Konzils in der Kodifikation von 1983 berücksichtigt worden sind.

In der Kirchenkonstitution heißt es: "Denn die Amtsträger, die mit heiliger Vollmacht ausgestattet sind, stehen im Dienst ihrer Brüder, damit alle, die zum Volk Gottes gehören und sich daher der wahren Würde eines Christen erfreuen, in freier und geordneter Weise sich auf das nämliche Ziel hin ausstrecken und so zum Heil gelangen" (LG 18,1). Die *eine* geistliche Vollmacht ist auf das *dreifache* Dienstamt - den Bereich der Lehre, der Heiligung und Leitung - bezogen und wird darin wirksam (vgl. LG 19; 28,1; CD 2,2; AA 2). Unverkennbar ist das Bestreben des Konzils, die Einheit der "sacra potestas" zu lehren, die als geistliche Wirklichkeit auf die Sendung Christi zurückweist, eine sakramentale Grundlage hat und heilsökonomisch ausgerichtet ist. Deshalb wird bezüglich der *Bischofsweihe*, die die Fülle des Weihesakramentes darstellt, gesagt: "Die Bischofsweihe überträgt mit dem Amt der Heiligung auch die Ämter der Lehre und der Leitung, die jedoch ihrer Natur nach nur in der hierarchischen Gemeinschaft mit Haupt und Gliedern des Kollegiums (=Bischofskollegiums) ausgeübt werden können" (LG 21,2). Mit der sakramentalen Verleihung der verschiedenen Ämter ("munera") in der Bischofsweihe ist zugleich die bischöfliche Vollmacht sakra-

[59] In der deutschen Wiedergabe für "sacra potestas" hat sich zumeist "geistliche Vollmacht", nicht aber "heilige Gewalt" durchgesetzt; vgl. die Tatsache, daß in PO 6,1 "potestas spiritualis" synonym für "sacra potestas" (LG 18,1) steht.

[60] Vgl. P. Krämer, Dienst und Vollmacht in der Kirche, 22-27.

mental begründet.[61] So soll "sacra potestas" wieder an ihren sakramentalen Ursprung in der Ordination zurückgebunden werden. Auch hinsichtlich der *Priesterweihe* betont das Konzil eine besondere, über Taufe und Firmung hinausgehende Beziehung zum dreifachen Dienstamt und erklärt, daß die Priester in der Ausübung der ihnen eigenen Vollmacht - also nicht in der Vollmacht selbst - von den Bischöfen abhängen (vgl. LG 28,1; CD 15,1; PO 6,1).[62]

Die Aussagen über die sakramentale Verleihung der einzelnen Dienstämter und der sakramentalen Verankerung geistlicher Vollmacht dürfen nicht darüber hinwegtäuschen, daß das Konzil an der Unterscheidung zwischen dem Sakrament der Weihe und der kirchlichen Beauftragung (kanonischen Sendung) durchaus festgehalten hat (vgl. PO 7,2; LG 24,2; NE 2,2); von der "potestas" wird in den Konzilstexten deutlich das "exercitium", die Ausübung der geistlichen Vollmacht innerhalb eines konkreten Aufgabenbereiches, abgehoben. Hiermit stellt sich die Frage, was durch das Sakrament der Weihe und was durch die kirchliche Beauftragung gewirkt wird oder, um es anders zu formulieren, wie die Einheit der "sacra potestas" strukturiert ist.

Mit der Vorstellung der *einen* geistlichen Vollmacht hat das Konzil mit einer Entwicklung gebrochen, durch die das Leben der Kirche über viele Jahrhunderte in einem erheblichen Maße belastet worden ist. Denn die begriffliche Unterscheidung zwischen Weihe- und Jurisdiktionsgewalt, die bis ins 12. Jahrhundert zurückreicht,[63] führte in zunehmendem Maße zu einer gegenständlichen Abgrenzung: die Weihegewalt wurde auf einen sakramentalen, kultischen Bereich, insbesondere auf die Feier der Eucharistie bezogen, die Jurisdiktionsgewalt hingegen auf die äußere Leitung der Kirche. Dahinter verbarg sich ein dualistischer Kirchenbegriff: die Kirche als sakramentale Wirklichkeit und die Kirche als äußere, gesellschaftliche Größe. Vollends verdunkelt wurde das Beziehungsverhältnis

---

[61] Ebd., 37-41.

[62] In den Konzilstexten wird allerdings nirgends die "sacra potestas" der Bischöfe von derjenigen der Priester deutlicher abgegrenzt. Nach LG 21,2 und 28 läßt sich nur sagen, daß die Bischöfe die Fülle der "sacra potestas" innehaben, während die Preister auf das Bischofsamt hingeordnet sind und die geistliche Vollmacht in Gemeinschaft mit dem Bischof und in Abhängigkeit von diesem ausüben.

[63] Vgl. hierzu u.a. K. Mörsdorf, Weihegewalt und Hirtengewalt in Abgrenzung und Bezug, 171-186; P. Krämer, Dienst und Vollmacht in der Kirche, 4-15; H. Müller, Zur Frage nach der kirchlichen Vollmacht, 85-90.

zwischen Weihe- und Jurisdiktionsgewalt durch die Vermischung mit dem Drei-Ämter-Schema, dem prophetischen, priesterlichen und königlichen Dienstamt Christi; demgemäß wurde die Lehrgewalt der Weihe- und Jurisdiktionsgewalt hinzugefügt, so daß von drei Gewalten gesprochen werden konnte, die mehr oder weniger beziehungslos einander gegenübergestellt wurden. Indem das II. Vatikanische Konzil sich von dieser Entwicklung absetzt, kommt "sacra potestas" wieder als einheitliche, sakramental grundgelegte Wirklichkeit in den Blick.

5.3 Unterscheidung von Weihe- und Leitungsvollmacht

Das kirchliche Gesetzbuch hält an der begrifflichen Gegenüberstellung von Weihe- und Leitungsvollmacht fest, wobei letztere nach c. 129 § 1 auch Jurisdiktionsvollmacht genannt werden kann. Bevorzugt wird freilich der Begriff "Leitungsvollmacht"; denn von "Jurisdiktionsvollmacht" ist im Gesetzbuch an keiner weiteren Stelle die Rede, um dem Mißverständnis zu wehren, diese mit der Rechtssprechungsgewalt ("potestas iudiciaria") gleichzusetzen.[64]

5.3.1 Sakramentale Verankerung

Diejenigen, die das Sakrament der Weihe empfangen haben, sind nach Maßgabe der Rechtsvorschriften befähigt, Leitungsvollmacht innezuhaben (c. 129 § 1). Das Weihesakrament (in den Stufen von Episkopat, Presbyterat und Diakonat, c. 1009 § 1) bildet also die Grundlage für den Empfang und die Ausübung von Leitungsvollmacht, die es aufgrund göttlicher Einsetzung in der Kirche gibt (c. 129 § 1). Mit anderen Worten: Leitungsvollmacht ist auf die sakramentale Befähigung des Ordinierten verwiesen, wird als solche aber in einem nichtsakramentalen Akt übertragen und kann - über mögliche Einschränkungen in der Ausübung hinaus - auch wieder entzogen werden (vgl. cc. 292, 1333 §§ 1-2). Anders verhält es sich mit der Weihevollmacht, die - wie der Begriff schon sagt - im Sakrament der Weihe verliehen wird und deshalb nicht wieder entzogen werden kann (c. 1338 § 2); sie kann nur in ihrer Ausübung - auch strafrechtlich - eingeschränkt oder gänzlich untersagt werden (cc. 292, 1333 § 1 n. 1).

---

[64] Vgl. Communicationes 9 (1977), 234; 14 (1982), 146. Konsequenter ist c. 979 CCEO, insofern hier auf den Begriff "Jurisdiktionsgewalt" gänzlich verzichtet wird.

Allerdings fällt auf, daß das kirchliche Gesetzbuch in anderen Abschnitten auf die begriffliche Gegenüberstellung von Weihe- und Leitungsvollmacht gänzlich verzichtet, wie z.B. innerhalb des kirchlichen Verfassungsrechtes zur Bestimmung der bischöflichen und päpstlichen Vollmacht; diese erscheint im Vergleich zur früheren Rechtslage deutlicher als eine in die Bischofsweihe eingebundene Voll-
macht.[65] Aber auch und erst recht im Sakramenten- und Verkündigungsrecht wird nirgends über ein Zusammenwirken von Weihe- und Leitungsvollmacht gesprochen. Und innerhalb des kirchlichen Bußrechtes unterscheidet c. 966 § 1 beim Spender des Bußsakramentes zwischen einer in der Weihe verliehenen Vollmacht und der Befugnis ("facultas"), diese Vollmacht in einem bestimmten Bereich auszuüben.[66] Mit der Befugnis ist also nicht eine zur Weihe hinzutretende Vollmacht gemeint, sondern die Konkretisierung oder nähere rechtliche Umschreibung einer Vollmacht, die als solche im Sakrament der Weihe verliehen wird.[67]

Somit ist die Terminologie im kirchlichen Gesetzbuch uneinheitlich und unterscheidet sich noch einmal von der des II. Vatikanischen Konzils. Das Anliegen des Konzils wird aber dadurch aufgegriffen, daß die Bedeutung des Weihesakramentes als Grundlage für

---

65 Für die bischöfliche Vollmacht vgl. cc. 375, 379, 382 § 2, für die päpstliche Vollmacht hingegen cc. 331, 332 § 1. Ohne die begriffliche Gegenüberstellung von Weihe- und Leitungsvollmacht zu verwenden, greift das Gesetzbuch bei der Beschreibung der bischöflichen und päpstlichen Vollmacht aber durchaus auf Unterscheidungen der Leitungsvollmacht zurück; vgl. cc. 333 § 1, 381 § 1, 391 § 1 mit cc. 131, 135 § 1.

66 Von einer solchen "facultas" ist u.a. auch in cc. 882 f. (Spendung der Firmung) und in c. 764 (Beauftragung eines Priesters oder Diakons mit dem Predigtdienst) die Rede. Vgl. auch die Tatsache, daß c. 144 § 2 von (fehlenden) Befugnissen ("facultates") spricht, die durch die Kirche bei Vorliegen bestimmter Bedingungen ersetzt werden, und diese somit von der Leitungsvollmacht (c. 144 § 1) abhebt.

67 Anderer Ansicht ist H. Socha, der die "facultas" einfachhin der "potestas regiminis" zurechnet (MK 130/3, Rdn. 5, 4. Erg.-Lfg., November 1986); dann bleibt aber die begriffliche Unterscheidung und die Formulierung in c. 966 § 1 unverständlich. Nicht zu überzeugen vermag auch die Ansicht von M. Kaiser (Potestas iurisdictionis?, 104), der in der von c. 966 § 1 vorgenommen Unterscheidung zwischen "potestas" und "facultas" ein Indiz dafür sieht, daß der CIC/1983 nicht nur hinter das Vaticanum II, sondern auch hinter den CIC/1917 zurückgefallen sei. Wenn c. 966 die Beichtvollmacht stärker in das Weihesakrament einbindet, widerspricht dies zumindest nicht der Intention des Vaticanum II, insofern dieses Konzil die Einheit der "sacra potestas" nachdrücklich herausgestellt hat.

die in der Kirche auszuübende Vollmacht deutlich in Erscheinung tritt. Auf diesem Hintergrund überrascht es nicht, wenn auch in der Kanonistik die Einheit der geistlichen Vollmacht in recht unterschiedlicher Weise interpretiert wird.[68]

1. *Einheit aus komplementären Elementen:* Heilige Gewalt ist doppelschichtig angelegt, in der sakramentalen Weihe und in der kanonischen Sendung. Damit ist ein formaler, die Form der Übertragung betreffender Unterschied gegeben; denn Weihegewalt wird unverlierbar in der sakramentalen Weihe verliehen, während Hirtengewalt (= Jurisdiktionsgewalt) in der kanonischen Sendung übertragen wird und von der Person des Geweihten abtrennbar ist. Dies weist zugleich auf eine funktionale Unterschiedenheit hin: Weihegewalt ist das Prinzip des Lebens in der Kirche und bedarf zur rechten Ausübung eines ordnenden Prinzips, das in der Hirtengewalt wirksam wird. Dabei sind beide Gewalten eng aufeinander bezogen, was vor allem darin zutage tritt, daß Hirtengewalt nicht als zweite Gewalt eigenen Ursprungs verselbständigt werden darf, sondern nur zusammen mit der Weihegewalt wirksam zu werden vermag. "Weihegewalt und Hirtengewalt bilden daher zwei komplementäre Elemente der einen heiligen Gewalt, die Jesus Christus seiner Kirche anvertraut hat."[69]

2. *Einheit aus innerer und äußerer Struktur:* Wie jede Gemeinschaft besteht auch die Kirche aus einer inneren und äußeren Struktur; die inneren Beziehungen der Menschen zueinander müssen sich nach außen hin darstellen, gleichsam verleiblichen. Bezogen auf die "sacra potestas" bedeutet dies, daß sie als einheitliche Größe der inneren Struktur nach in der sakramentalen Weihe verliehen wird. Mit der sakramentalen Verleihung ist heilige Gewalt aber rechtlich nicht voll und ganz konstituiert; sie bedarf der äußeren Struktur, der Eingliederung in die hierarchische Gemeinschaft der Kirche, um zu einer rechtlich ausübbaren Gewalt zu werden. Dabei darf die äußere Struktur, die in der Rechtmäßigkeit der Weihe und in der kanonischen Sendung gegeben ist, nicht als etwas Nebensächliches abgetan werden; sie ist vielmehr ein Wesenselement konstitu-

---

[68] Ausführlicher hierzu P. Krämer, Dienst und Vollmacht in der Kirche, 73-115.
[69] K. Mörsdorf, Heilige Gewalt, 211; in diesem Sinn auch W. Aymans, Kanonisches Recht I, 291-295.

tiver Natur, damit die heilige Gewalt "ihre leibliche Prägung und Umschreibung" erfährt.[70]

3. *Einheit aus heilsökonomischer Sicht:* Geistliche Vollmacht wird in ihrer Ganzheit sakramental verliehen. Sie bedeutet nicht Herrschaft über andere, sondern ist darauf ausgerichtet, daß Wort und Sakrament ihre Heil vermittelnde Wirksamkeit entfalten können. Daher ist geistliche Vollmacht von einer heilsökonomischen Zielsetzung geprägt.[71] Ihre Ausübbarkeit bemißt sich nicht nach rein positivistischen Maßstäben. Sie hängt nicht von einer zur sakramentalen Weihe hinzutretenden Jurisdiktionsgewalt ab, erst recht nicht von einer äußeren Struktur, die immer nur ein Zeichen dafür sein kann, daß das Jurisdiktionelle dem sakramentalen Bereich übergeordnet wird. Vielmehr muß die Ausübung der geistlichen Vollmacht danach beurteilt werden, ob sie der Verwirklichung der kirchlichen "communio" in Wort und Sakrament zu dienen vermag. Anders ausgedrückt: Ausschlaggebend für die Ausübung geistlicher Vollmacht "scheint der Grad der kirchlichen Gemeinschaft zu sein, in der die Sakramente gefeiert werden und das Wort verkündet wird. In dem Maße, als die den Sakramenten und dem Wort inhärente sacra potestas innerhalb der kirchlichen Gemeinschaft, die verschiedene Abstufungen kennt, zur Ausübung gelangt, wird sie gültig, wenn auch nicht immer erlaubt, betätigt."[72]

5.3.2 Die Mitwirkung der Laien

Wie die Leitungsvollmacht im einzelnen auch zu interpretieren ist, c. 129 § 2 geht davon aus, daß Laien[73] nach Maßgabe des Rechts bei der Ausübung kirchlicher Leitungsvollmacht mitwirken können. Lange und kontrovers ist über diese Aussage in der CIC-Reformkommission gestritten worden, weil ursprünglich vorgesehen war, nicht nur von einer *Mitwirkung*, sondern auch von einer *Teilhabe* der Laien

---

[70] W. Bertrams, Die Einheit von Papst und Bischofskollegium in der Ausübung von Hirtengewalt, 66; vgl. ders., Papst und Bischofskollegium, 12 ff.

[71] P. Krämer, Die geistliche Vollmacht, 130 f.

[72] E. Corecco, Das Urteil im kanonischen Recht, 245; vgl. ders., Natur und Struktur der einen "sacra potestas", 362-365.

[73] Wegen des enger gefaßten Laienbegriffs ist in c. 979 § 2 CCEO, der c. 129 § 2 CIC entspricht, nicht von "Laien", sondern von den "übrigen Gläubigen" die Rede.

an kirchlicher Leitungsvollmacht zu sprechen.[74] Wenn man sich für die eine oder andere Richtung auf das II. Vatikanische Konzil berufen will, muß man bedenken: dem Konzil ging es vornehmlich um die in der sakramentalen Weihe gründende "sacra potestas", ohne daß die Frage nach einer wie auch immer gearteten Vollmacht, die auch Laien übertragen werden kann, ausdrücklich gestellt wurde.

Unstrittig ist, daß Laien eine Vollmacht in der Kirche insofern innehaben können, als ihnen leitende Funktionen in kirchlichen Vereinen oder in den Gemeinschaften der evangelischen Räte (vgl. cc. 595 § 1, 617, 618) übertragen werden. Unstrittig ist auch, daß sie bei der Vorbereitung und Ausführung kirchlicher Entscheidungen, die von ordinierten Amtsträgern aufgrund der ihnen eigenen "sacra potestas" getroffen werden, mitwirken können; das ist ja gerade die Aussageabsicht von c. 129 § 2 (vgl. auch cc. 16 § 1, 212, 228). Kann es aber darüber hinaus eine Teilhabe an kirchlicher Leitungsvollmacht als einem Ausschnitt aus der "sacra potestas" geben? Gegen diese Möglichkeit wird mit c. 129 § 1 argumentiert; denn in dieser Norm wird die Fähigkeit, Leitungsvollmacht zu übernehmen oder auszuüben, an das Weihesakrament gebunden.[75] Andererseits wird aber darauf hingewiesen, daß diese Bindung in der Kirchen- und Theologiegeschichte nie absolut gesehen wurde.[76] "Sacra potestas" stellt eine einheitliche Wirklichkeit dar; in dieser gibt es aber eine Vielfalt an Funktionen. Wie das Gesetzbuch selbst zeigt, können einzelne dieser Funktionen auch von Laien wahrgenommen werden; denn gemäß c. 1421 § 2 besteht z.B. die Möglichkeit, daß Laien als erkennende Richter in einem Kollegialgericht mitwirken.[77] Außerdem sagt c. 129 § 1 nicht, daß *nur* Kleriker, wie dies gelegentlich gefordert worden ist, fähig sind, Leitungsgewalt zu überneh-

---

[74] Vgl. Communicationes 3 (1971), 187 f., 195; 14 (1982), 71-73, 146-149; 16 (1984), 54 f.

[75] Vgl. hierzu W. Aymans, Kanonisches Recht I, 395-406.

[76] Vgl. hierzu H. Socha, in: MK 129/4-6, Rdn. 9-15 (15. Erg.-Lfg., Juli 1991). Die Ansätze von P. Krämer und E. Corecco werden in diesem Zusammenhang allerdings zu verkürzt dargestellt. Denn daß die den Laien verliehene potestas regiminis auf die Hirtenvollmacht des Papstes oder des Diözesanbischofs verwiesen ist und sich von dieser herleitet (Rdn. 14), wird in meinen Ausführungen keineswegs bestritten, sondern vorausgesetzt. Und mit dem bloßen Hinweis auf die begrenzte Jurisdiktionsfähigkeit der Laien (Rdn. 15) kann der von Corecco vorgelegte Deutungsversuch der "sacra potestas" insgesamt nicht aus den Angeln gehoben werden.

[77] An der Möglichkeit der Laienrichter hat auch das Ostkirchenrecht – trotz der in den letzten Jahren hieran geübten Kritik – festgehalten (vgl. c. 1087 § 2 CCEO).

men. Eine kirchenrechtliche Fixierung nach c. 129 § 1 (Bindung der Leitungsvollmacht an das Weihesakrament) stellt aber noch keine dogmatische Festlegung dar.

Von den unterschiedlichen Interpretationen abgesehen, greift c. 129 § 2 durchaus ein Anliegen des II. Vatikanischen Konzils auf, da keine scharfe Trennung vorgenommen wird zwischen denen, die Leitungsvollmacht innehaben, und denen, die gleichsam Objekt dieser Leitungsvollmacht sind. Vielmehr sind alle Gläubigen befähigt, an der Ausübung kirchlicher Leitungvollmacht mitzuwirken. Der Communio-Ekklesiologie des Konzils entspricht ein Miteinander, nicht aber ein Gegeneinander, das nur zu einem unfruchtbaren Kompetenzstreit führt.

5.3.3 Abgrenzungen der Leitungsvollmacht

Kirchliche Leitungsvollmacht wird in unterschiedlicher Weise übertragen und ausgeübt:

- Leitungsvollmacht kann gemäß c. 130 im *äußeren und inneren Bereich* ("forum") wirksam werden, wobei sich der innere Bereich noch einmal in einen sakramentalen und einen nichtsakramentalen Bereich aufgliedert, je nachdem, ob ein Sachverhalt innerhalb oder außerhalb des Bußsakramentes behandelt wird. Äußerer und innerer Bereich heben sich durch den Öffentlichkeitscharakter voneinander ab. Im äußeren Bereich wird Leitungsvollmacht öffentlich und damit jederzeit beweisbar ausgeübt, etwa durch Promulgation eines kirchlichen Gesetzes (c. 7) oder durch Erlaß eines Verwaltungsaktes (cc. 35, 37). Im inneren Bereich hingegen wird die Kirche in geheimer Weise tätig, wenn bzw. weil die öffentliche Behandlung eines Sachverhalts dem Betroffenen zum Nachteil gereichen könnte; hier ist vor allem an den Nachlaß von bestimmten Sanktionen im Rahmen des Bußsakramentes (cc. 508, 1357 § 1) oder an die Dispens von geheimen Ehehindernissen innerhalb oder außerhalb des Bußsakramentes (cc. 1079 § 3, 1082) zu denken. Der innere Bereich darf nicht mit dem Gewissensbereich verwechselt werden, der das unmittelbare, im Gewissen gründende Verhältnis des Einzelnen zu Gott betrifft; vielmehr ist auch der innere Bereich als ein Rechtsbereich zu qualifizieren, wenngleich die entsprechenden Rechtswirkungen wegen der geheimen Vorgehensweise nicht ohne weiteres im äußeren Rechtsbereich anerkannt werden können (vgl. cc. 130, 1082).

- Nach Art der Vermittlung ist zwischen *ordentlicher und delegierter Leitungsvollmacht* zu unterscheiden, je nachdem, ob eine Vollmacht mit einem kirchlichen Amt verbunden ist oder einer Person unmittelbar, d.h. ohne Vermittlung eines Amtes, übertragen wird. Die ordentliche Leitungsvollmacht, die einem kirchlichen Amtsträger also aufgrund des ihm übertragenen Amtes zukommt, gliedert sich noch einmal in eine *eigenberechtigte und stellvertretende Vollmacht* auf (c. 131 § 2), je nachdem, ob der kirchliche Amtsträger in eigenem Namen oder im Namen eines anderen tätig wird. Wer z.B. einer kirchlichen Gemeinschaft als Pfarrer oder Bischof vorsteht, verfügt über ordentliche eigenberechtigte Vollmacht, während Amtsträger, die unterstützend auf diese hingeordnet sind (vgl. Pfarrvikar, Generalvikar, Gerichtsvikar) mit ordentlicher stellvertretender Vollmacht ausgestattet sind. Ordentliche Leitungsvollmacht ist durch das jeweilige Amt klar umschrieben. Delegierte Vollmacht ist demgegenüber von einer größeren Flexibilität gekennzeichnet; Art, Umfang und Dauer dieser Vollmacht hängen von demjenigen ab, der die Delegation vornimmt, abgesehen von der gesetzlichen Delegation, die von Rechts wegen erfolgt (vgl. z.B. c. 144 § 1).

- In funktionaler Hinsicht ist zwischen *gesetzgebender, ausführender (= verwaltender) und richterlicher Vollmacht* zu unterscheiden (c. 135 § 1). In einem Leitsatz zur CIC-Reform ist ausdrücklich gefordert worden, "daß die verschiedenen Aufgaben kirchlicher Gewalt genau unterschieden werden, nämlich die Aufgabe der Gesetzgebung, der Verwaltung und der Rechtsprechung, und daß in geeigneter Weise festgelegt wird, von welchen Organen die einzelnen Aufgaben ausgeführt werden sollen".[78] Indem der CIC/1983 diesem Leitsatz Rechnung trägt, hat das Prinzip der Gewaltenunterscheidung (nicht der Gewaltenteilung) einen deutlicheren Niederschlag in der kirchlichen Rechtsordnung gefunden, als dies bei dem vorausgehenden Gesetzbuch der Fall gewesen ist. Für die kirchliche Rechtsordnung ist die Einheit der Leitungsvollmacht charakteristisch, die letztlich im sakramentalen Bereich verwurzelt ist

[78] CIC/1983, lat.-dt., S. XLV.

(c. 129 § 1). Gleichwohl lassen sich verschiedene Funktionen dieser Vollmacht voneinander abheben, die hinsichtlich ihrer Ausübung und Weitergabe auch unterschiedlichen Regelungen unterliegen (vgl. cc. 135-144). Gesetzgebende, ausführende und richterliche Vollmacht sind also nicht drei voneinander getrennte Gewalten, sondern drei verschiedene Funktionen der in der Kirche auszuübenden Leitungsvollmacht. Gebündelt werden all diese Funktionen insbesondere dadurch, daß c. 391 § 1 im Hinblick auf das Bischofsamt feststellt: "Es ist Sache des Diözesanbischofs, die ihm anvertraute Teilkirche nach Maßgabe des Rechts mit gesetzgebender, ausführender und richterlicher Gewalt zu leiten."

6 *Gesetz und Gewohnheit*

Im kanonischen Recht sind Gesetz (cc. 7-22) *und* Gewohnheit (cc. 23-29) als Quellen des Rechts anerkannt. Beide dürfen nicht voneinander getrennt werden, sondern sind aufeinander bezogen.

6.1 Das Gesetz als Rechtsquelle

Wie der CIC/1917 enthält auch das geltende kirchliche Gesetzbuch keine formale Gesetzesdefinition (und damit einhergehend kein formales Gesetzgebungsverfahren). Dies ist insofern überraschend, als das Gesetzbuch in anderen Zusammenhängen durchaus mit Definitionen arbeitet und bis zum letzten Schema noch eine Gesetzesdefinition enthielt[79], die sich an Thomas von Aquin anlehnte. Hiernach war das Gesetz zu bestimmen als eine allgemeine Norm, die zum Gemeinwohl einer Gemeinschaft von der zuständigen Autorität gegeben wird.[80] Im CIC/1983 ist auf eine solche Aussage wohl deshalb verzichtet worden, weil in ihr das Spezifische eines kirchlichen Gesetzes nicht hinreichend erkennbar ist. Dies führte aber dann zu

[79] Zur Frage einer Gesetzesdefinition im CIC/1983 vgl. L. Wächter, Gesetz im kanonischen Recht, 150-164.

[80] Vgl. c. 7 Schema CIC/1982.

der recht inhaltsleeren Feststellung: "Ein Gesetz tritt dadurch ins Dasein, daß es promulgiert wird" (c. 7).[81]

Hatte Thomas von Aquin ein Gesetz noch als "vernunftgemäße Anordnung" charakterisiert, "die zum Gemeinwohl von demjenigen promulgiert ist, der die Sorge für die Gemeinschaft trägt"[82], so ist in der beginnenden Neuzeit das Gesetz durch Francisco Suárez (1548-1617) als "Befehl" bestimmt worden, wenngleich auch als gerechter und dauerhafter Befehl, der hinreichend promulgiert sein muß.[83] Mit anderen Worten: das rationale Element ist zugunsten eines voluntaristischen Elementes zurückgetreten;[84] das Gesetz hängt hiernach allein vom Willen des Gesetzgebers ab, wobei die Ausrichtung auf das Gemeinwohl unmittelbar nicht mehr angesprochen wird, erst recht nicht eine Mitwirkung der Gemeinschaft, für die der Befehl erlassen wird.

Wenn c. 7 allein auf die Promulgation eines Gesetzes abstellt, greift das Gesetzbuch auf das Decretum Gratiani zurück, läßt aber bezeichnenderweise die zweite Hälfte des Gedankenganges weg, in welchem die Bedeutung der in einer Gemeinschaft geübten Gewohnheiten für den Fortbestand eines Gesetzes zum Ausdruck kommt.[85] Um die Eigenart eines kirchlichen Gesetzes zu erfassen und hierbei die allgemeine Gesetzestheorie wie auch den spezifisch ekklesiologischen Bezug zu berücksichtigen, müssen folgende Merkmale voneinander abgehoben werden[86]:

1. *Allgemeine Rechtsverbindlichkeit* – Ein Gesetz ist nicht ein Rat, eine Empfehlung, auch nicht nur eine moralische Vorschrift, sondern eine verpflichtende Norm, die für eine Gemeinschaft rechtlich verbindlich, d.h. gegebenenfalls auch durch-

---

[81] Diese Aussage deckt sich (außer der singularischen Formulierung) mit c. 8 § 1 CIC/1917.

[82] "... quaedam rationis ordinatio ad bonum commune, ab eo qui curam communitatis habet, promulgata" (S. th. I-II qu. 90, a. 4).

[83] "... commune praeceptum, iustum ac stabile, sufficienter promulgatum" (De Legibus, I XII, 5, hrsg. von L. Perena u.a., Madrid 1972, S. 70).

[84] Zur geschichtlichen Entwicklung vgl. R. Potz, Die Geltung kirchenrechtlicher Normen, 83-141.

[85] "Leges instituuntur cum promulgantur, firmantur cum moribus utentium approbantur" (D. 4 c. 3, in: Friedberg I, 6).

[86] Vgl. K. Mörsdorf, Lehrbuch des Kirchenrechts I, 83-87; W. Aymans, Kanonisches Recht I, 144-159; H. Heimerl, H. Pree, Kirchenrecht, 31-34; R. Puza, Katholisches Kirchenrecht, 7 ff.; H. Socha, in: MK Einführung vor 7/4-6 Rdn. 5-9 (13. Erg.-Lfg., November 1990).

setzbar (erzwingbar) ist; bezogen auf die kirchliche Rechtsordnung kann sich die Durchsetzbarkeit freilich nur auf Mittel beziehen, die der Kirche als einer geistlichen Gemeinschaft zur Verfügung stehen. Einen allgemeinen Charakter hat ein Gesetz insofern, als es nicht für einen bestimmten Einzelfall, sondern für eine unbestimmte Vielzahl von Fällen und (in der Regel) für unbestimmte Zeit gilt, d.h. auf Dauer angelegt ist.

2. *Zuständigkeit des Gesetzgebers* – Ein Gesetz kann nur von der Autorität erlassen werden, die über Gesetzgebungskompetenz verfügt (vgl. cc. 29, 135 § 1). Hierbei sind die verschiedenen Ebenen der Kirchenverfassung voneinander zu unterscheiden. Von der höchsten kirchlichen Autorität (Papst, Bischofskollegium) können universale, auf die ganze (lateinische) Kirche bezogene Gesetze erlassen werden,[87] während parikulare Gesetze in der Regel[88] in den Zuständigkeitsbereich der partikularen Gesetzgeber (z.B. Diözesanbischof, Bischofskonferenz, Partikularkonzil) fallen.[89]

3. *Gesetzesfähige Gemeinschaft* – Ein Gesetz richtet sich wegen des allgemeinen Charakters nicht an eine Einzelperson, sondern an "eine zum Empfang eines Gesetzes fähige Gemeinschaft" (c. 29; vgl. auch c. 25). Dabei kann ein Gesetz für alle erlassen werden, für die ein Gesetzgeber zuständig ist (z.B. die Gläubigen einer Diözese), aber auch für bestimmte Personenkreise, deren Organisation oder Tätigwerden eine rechtliche Regelung erforderlich machen; hierzu gehören u.a. Gesetze, die den pastoralen Dienst von Klerikern oder Laien betreffen oder Struktur und Arbeitsweise der Pfarrgemeinderäte in einer Diözese regeln.

4. *Promulgation* – Ein Gesetz muß in amtlicher Weise, d.h. durch den Gesetzgeber selbst oder in seinem Namen, veröffentlicht

---

[87] Universale Gesetze gemäß c. 12 sind (zumindest formal) keine gesamtkirchlichen Gesetze, wenn sie sich nur auf einen bestimmten Rechtskreis (vgl. c. 1) beziehen; inhaltlich erstrecken sie sich aber häufig auf die Gesamtkirche, wenn sie unmittelbar im göttlichen Recht gründen oder inhaltlich gleiche Regelungen für den lateinischen und orientalischen Rechtskreis gelten.

[88] Partikulare Gesetze können allerdings auch vom höchsten kirchlichen Gesetzgeber z.B. für eine oder mehrere Teilkirche(n) erlassen werden (vgl. c. 333 § 1).

[89] Zur Unterscheidung zwischen universalen und partikularen Gesetzen vgl. cc. 12, 13, 20.

werden. Erst durch die Promulgation tritt ein Gesetz ins Dasein und erlangt – in der Regel nach Ablauf einer bestimmten Frist (Gesetzesschwebe) – Rechtskraft (cc. 7, 8); ein amtlich nicht promulgiertes Gesetz ist unwirksam, weil rechtlich nicht existent. Auch wenn ein Gesetzgebungsverfahren im kirchlichen Gesetzbuch nicht enthalten ist, setzt die Promulgation verschiedene Verfahrensstufen (Festlegung der zu normierenden Materie, Beratung und Unterstützung durch Sachverständige, Gesetzesausfertigung) voraus und bildet den Abschluß des Gesetzgebungsvorganges, an dem viele beteiligt sind oder beteiligt sein sollten, damit ein Gesetz zustandekommt, das für die kirchliche Gemeinschaft förderlich ist.

5. *Ausrichtung auf das Gemeinwohl* – Das Gesetz muß dem "bonum commune" dienen, das – bezogen auf die politische Gemeinschaft – "die Summe jener Bedingungen des gesellschaftlichen Lebens" in sich schließt, "die den Einzelnen, den Familien und gesellschaftlichen Gruppen ihre Vervollkommnung voller und ungehinderter zu erreichen gestatten" (GS 74,1; vgl. auch 26,1). Kirchliche Gesetze hingegen müssen der Förderung des kirchlichen Lebens dienen und sind daher auf das "bonum commune" der Kirche ausgerichtet (vgl. c. 223), die keine abstrakte Überkirche darstellt, sondern in und aus den vielen Teilkirchen besteht. Als solche hat die Kirche die Aufgabe, das Heilswerk Christi geschichtlich zu vergegenwärtigen, und versteht sich von daher als "allumfassendes Sakrament des Heiles" (GS 45,2; LG 48,2). Kirchliche Gesetze sind demgemäß letztlich auf das Heil des Menschen, auf die "salus animarum" (c. 1752) hingeordnet.[90] Wohl liegt das Heil als Inbegriff für die endgültige Vollendung des Menschen bei Gott außerhalb der kirchlichen Rechtsordnung; doch muß die Kirche auch in ihrer Rechtsordnung dem Ziel dienen, das Heil in Wort und Sakrament den Menschen zuzuwenden.[91]

6. *Vernunftgemäße Glaubensweisung* – Ein Gesetz darf nicht aus einer willkürlichen Festlegung hervorgehen, sondern muß vernünftig sein, d.h. sittlich gut, gerecht und befolgbar. Dies gilt auch für das kirchliche Gesetz. Weil der Glaube Vernunft

---

[90] Von der heilsökonomischen Ausrichtung kirchlicher Gesetze ist außerdem in cc. 747 § 2, 978 § 1, 1736 § 2, 1737 § 3 die Rede.

[91] Vgl. hierzu J. Vries, Gottesbeziehung und Gesetz, 213-227.

und Freiheit des Menschen nicht ausschaltet, sondern voraussetzt, müssen kirchliche Gesetze das durch den Glauben Geforderte in vernünftiger Weise konkretisieren. Hier liegt aber – außer der heilsökonomischen Ausrichtung – ein weiterer Unterschied zu den weltlichen Gesetzen. Was *inhaltlich* in kirchlichen Gesetzen zu regeln ist, kann nicht aus der menschlichen Vernunft abgeleitet werden, sondern verdankt sich letztlich der nur im Glauben zugänglichen Selbstmitteilung Gottes in Jesus Christus. Daher sind kirchliche Gesetze, die diesem Sachverhalt Rechnung tragen, Glaubensweisungen, "ordinationes fidei".[92] Sie können nur im Glauben hinreichend erkannt und angewandt werden. Kirchliche Gesetze beziehen sich in ihrem Kernbereich auf das göttliche Recht ("ius divinum"), d.h. auf Existenz und Eigenart der Kirche, insofern sie menschlicher Verfügbarkeit entzogen ist und im Heilshandeln Gottes gründet. Der Zusammenhang mit der Wirklichkeit des Glaubens muß aber auch in den menschlich-rechtlichen, d.h. rein kirchlichen Gesetzen ("leges mere ecclesiasticae", c. 11) zum Ausdruck kommen; denn diese dürfen sich nicht verselbständigen, sondern bewegen sich legitimerweise nur im Rahmen des göttlichen Rechts und sind – auch in den verzweigten Formen des Vermögens- oder Prozeßrechtes – entsprechend den jeweiligen Zeiterfordernissen auf den Heilsauftrag der Kirche hin zu gestalten.

Zu den wichtigen Änderungen des geltenden kirchlichen Gesetzbuches gehört die Einschränkung im Geltungsanspruch kirchlicher Gesetze.[93] Nach c. 12 CIC/1917 galten Gesetze rein kirchlicher Herkunft – von den weiteren Voraussetzungen (hinreichender Vernunftgebrauch, Vollendung des siebten Lebensjahres) abgesehen – grundsätzlich für alle Getauften, also auch für die nichtkatholischen Christen. Nach c. 11 CIC/1983[94] sind demgegenüber an solche Gesetze nur katholische Christen gebunden, d.h. diejenigen, die in der katholischen Kirche die Taufe empfangen haben oder (nach Empfang der Taufe in einer anderen Gemeinschaft) in die katholische Kirche aufgenommen wurden. Nichtkatholische Christen sind also nicht mehr – von dem unbedingten und unbegrenzten Geltungsanspruch des göttlichen Rechts abgesehen – an die Rechtsordnung

---

92 Vgl. E. Corecco, "Ordinatio rationis" oder "ordinatio fidei"?, 492-495.

93 Siehe dazu S. 15, 20.

94 Zur Textgenese vgl. S. Demel, Die kanonische Eheschließungsform, 431 ff.

der katholischen Kirche gebunden; sie können nur indirekt betroffen sein, wenn sie mit dem Leben der katholischen Kirche in Beziehung treten (vgl. z.B. cc. 844 §§ 3-5, 874 § 2, 1124-1128). Katholische Christen hingegen, die sich in einem formalen Akt von ihrer Kirche losgesagt haben, bleiben auch weiterhin an die Gesetze der katholischen Kirche gebunden, wenn sie nicht ausdrücklich von diesen ausgenommen worden werden (vgl. cc. 1086 § 1, 1117, 1124); auch hierin äußert sich die Tendenz, den Geltungsbereich des kirchlichen Rechts einzuschränken. Wohl hätte eine solche Einschränkung noch in einem weitreichenderen Sinn vorgenommen werden können, indem katholische Christen, die sich von ihrer Kirche lossagen, generell von den rein kirchlichen Gesetzen ausgenommen worden wären; doch hat sich diese Konzeption aus dem Grund nicht durchzusetzen vermocht, weil man befürchtete, die Kirche würde dann mit einer "Kirche der freien Gefolgschaft" verwechselt werden, aus der man nach Belieben austreten könne, um sich der bindenden Kraft der kirchlichen Rechtsordnung zu entziehen.[95]

6.2 Die Gewohnheit als Rechtsquelle

Die in der Glaubensgemeinschaft geübte Gewohnheit kann Recht erzeugen und gesetzesgleiche Kraft entfalten, ohne selbst Gesetz zu sein. Insofern ist die Gewohnheit in der kirchlichen Rechtsordnung als Quelle des Rechts anerkannt und stellt eine eigenständige Ausdrucksform kirchlicher Rechtsbildung dar. Allerdings kann nicht jedwede Gewohnheit sich zum Gewohnheitsrecht fortentwickeln, sondern nur jene, die die in cc. 23-28 aufgestellten Bedingungen erfüllt. Deshalb muß unterschieden werden zwischen der bloßen Übung (Brauchtum, Gepflogenheit), der Gewohnheit, die auf dem Weg zum Gewohnheitsrecht ist, und dem Gewohnheitsrecht selbst als dem gewohnheitsmäßig bereits entstandenen Recht, obgleich diese Unterschiede in der Verwendung des Begriffs "consuetudo" nicht immer klar in Erscheinung treten.[96]

Die Bedeutung, die das Gesetzbuch dem Gewohnheitsrecht beimißt, geht aus den häufigen Verweisen auf dieses Recht hervor. So wird z.B. im Klerikerrecht (cc. 284, 289 § 2), im Zusammenhang des

[95] Communicationes 14 (1982), 133; zum Leitbild einer "Kirche der freien Gefolgschaft", das von J. Klein entwickelt worden ist, vgl. P. Krämer, Kirche der freien Gefolgschaft, 3 ff., 12 f.

[96] Vgl. K. Mörsdorf, Rechtssprache, 65-73.

Eheversprechens (c. 1062 § 1) oder der Eheschließung (c. 1119) und innerhalb des Vermögensrechtes (cc. 1263, 1276 § 2, 1279 § 1) eigens auf (rechtmäßige) Gewohnheiten verwiesen, die zu beachten sind. Erst recht geht die Bedeutung des Gewohnheitsrechtes aus der Tatsache hervor, daß das Gesetzbuch nicht nur gesetzmäßige, sondern auch außergesetzliche und gesetzwidrige Gewohnheiten kennt, die unter bestimmten Umständen Rechtskraft erlangen können (vgl. cc. 24 § 2, 26, 28). Wenn dies geschieht, werden dadurch geltende Gesetze oder bestehende Gewohnheiten, die eine gesetzesgleiche Verbindlichkeit erlangt haben, modifiziert oder aufgehoben.[97]

Gewohnheitsmäßige Rechtsbildung findet eine Grenze im göttlichen Recht, da dieses durch Nichtübung oder Mißbrauch nicht außer Kraft gesetzt werden kann (c. 24 § 1), außerdem in kirchlichen Verwerfungsurteilen, die sich ausdrücklich gegen eine bestimmte Gewohnheit richten und diese als nicht vernünftig zurückweisen (c. 24 § 2). Das Mittel der ausdrücklichen Verwerfung einer Gewohnheit wird im CIC/1983 nur sehr selten, nämlich 6mal, angewandt, während der CIC/1917 noch 21 Verwerfungsklauseln kannte. So kann z.B. nach c. 526 § 2 in ein und derselben Pfarrei nur *einer* Pfarrer oder Leiter eines Seelsorgeteams sein, wobei jede gegenteilige Gewohnheit verworfen wird. Und in c. 1076 wird eine Gewohnheit ausdrücklich zurückgewiesen, durch die versucht wird, ein neues Ehehindernis einzuführen oder bestehende Hindernisse abzuändern.[98] Bei den Verwerfungsklauseln insgesamt ist zu beachten, daß der Grund, der zur Verwerfung einer bestimmten Gewohnheit geführt hat, in einem anderen geschichtlichen Kontext sich als unvernünftig erweisen kann, so daß dann eine gegenteilige Entwicklung nicht als unmöglich erscheint.

---

[97] In c. 24 § 2 ist von außer- und wider*rechtlichen* („contra aut praeter ius canonicum") Gewohnheiten die Rede. Hiermit können nur Gewohnheiten gemeint sein, die noch keine Rechtskraft erlangt haben. Wenn sie Rechtskraft erlangt hätten, könnten sie nicht mehr widerrechtlich sein; andernfalls müßte es widerrechtliches oder rechtswidriges Gewohnheitsrecht (so H. Socha, in: MK Einführung vor 23/3 Rdn. 6, 15. Erg.-Lfg., Juli 1991) geben, was ein Widerspruch in sich selbst ist. Ein solches Mißverständnis wird vermieden, wenn gemäß c. 28 von wider- bzw. außer*gesetzlichen* („sive contra sive praeter legem") Gewohnheiten gesprochen wird, durch die geltende Gesetze wie auch gesetzesgleiche Gewohnheiten modifiziert oder außer Kraft gesetzt werden können.

[98] Verwerfungsklauseln finden sich außerdem in cc. 396 § 2, 423 § 1, 1287 § 1, 1425 § 1 CIC.

Für die gewohnheitsmäßige Rechtsbildung sind vor allem zwei Merkmale charakteristisch: die *Gemeinschaft* von Gläubigen, die eine Gewohnheit einführt, und der kirchliche *Gesetzgeber*, der die Gewohnheit billigt (c. 23). Bei der Gemeinschaft muß die Absicht vorhanden sein, mit der Gewohnheit Recht einzuführen (c. 25). Vom Gesetzgeber hingegen ist eine zumindest stillschweigende Billigung gefordert; diese gilt als erteilt, wenn sich die Gewohnheit über einen längeren Zeitraum hin bewährt hat (c. 26). Somit findet bei der Rechtsbildung durch Gewohnheit ein Wechselspiel zwischen Gemeinschaft und Gesetzgeber statt, das, wenngleich auf ganz andere Weise, auch für die Gesetzgebung kennzeichnend ist.

6.3 Zuordnung von Gesetz und Gewohnheit

Daß Gesetz und Gewohnheit eng aufeinander bezogen sind, geht schon aus der Tatsache hervor, daß dem Gewohnheitsrecht eine gesetzesgleiche Verbindlichkeit zukommt (c. 23). Ein Parallelismus ist auch insofern gegeben, als durch ein universales Gesetz weder ein partikulares Gesetz noch ein partikulares Gewohnheitsrecht aufgehoben wird, wenn nicht etwas anderes ausdrücklich vorgesehen ist (vgl. cc. 20, 28); hieraus spricht eine besondere Achtung vor der teilkirchlichen Rechtsbildung, ganz gleich, ob sie durch Gesetz oder Gewohnheit erfolgt. Außerdem zeigt sich das Zusammenspiel von Gesetz und Gewohnheit darin, daß nach c. 19 zur Schließung von Gesetzeslücken an erster Stelle auf das Gewohnheitsrecht verwiesen wird.

Die Einzelbeispiele machen deutlich: "Gesetzgebung und Gewohnheit tragen ... die für die Kirchenverfassung eigentümlichen Züge des aktiven Zusammenwirkens des ganzen Gottesvolkes an sich. Während in der Gesetzgebung die Recht schaffende Initiative vorwiegend bei dem Gesetzgeber liegt, erfließt das Gewohnheitsrecht aus der Initiative der die Gewohnheit tragenden Gemeinschaft. Während das Gesetz seine Lebenskraft nur entfalten kann, wenn es und wo es in der Gemeinschaft aufgenommen wird, kann die in der Gemeinschaft geübte Gewohnheit nur zu Recht erstarken, wo die Zustimmung des Gesetzgebers hinzutritt."[99]

Auf den theologischen Grund für ein in der Kirche sich entwickelndes Gewohnheitsrecht macht das Gesetzbuch für die unierten Ostkirchen aufmerksam, wenn in c. 1506 § 1 CCEO festgestellt wird: "Die

[99] W. Aymans, Die Quellen des kanonischen Rechtes, 94.

Gewohnheit einer christlichen Gemeinschaft kann Rechtskraft erlangen, insoweit sie auf das Tätigsein des Heiligen Geistes in der Kirche eine Antwort gibt." Hiernach verdankt sich das Gewohnheitsrecht einem geistlichen Impuls, wenn es überhaupt ekklesiologisch von Bedeutung sein soll; die Echtheit dieses Rechts muß sich freilich vor den geistlichen Amtsträgern ausweisen, "denen es in besonderer Weise zukommt, den Geist nicht auszulöschen, sondern alles zu prüfen und das Gute zu behalten (vgl. 1 Thess 5,12.19-21)" (LG 12,2). Eine in der kirchlichen Gemeinschaft geübte Gewohnheit kann darüber hinaus in der Gesetzgebung selbst aufgegriffen werden, so daß es bei kirchlichen Gesetzen nicht nur auf die nachträgliche Rezeption durch die Gemeinschaft, sondern auch auf das vorausgehende Tun ankommt. Um diesen Zusammenhang zu verdeutlichen, sollte die Glaubensgemeinschaft insgesamt, in einem stärkeren Maße an der Vorbereitung kirchlicher Entscheidungen, insbesondere der zu erlassenden Gesetze, beteiligt werden, "damit diese im Hinblick auf Rezeption und Konsens gefällt werden und der Einheit dienen".[100] Es geht hierbei vor allem darum, daß durch das Mittel der Konsultation unzulängliche Gesetze vermieden und günstige Voraussetzungen für die Annahme eines Gesetzes geschaffen werden.

7 *Einzelfallgerechtigkeit*

Durch Normen – mag es sich um abstrakt formulierte Gesetze oder um Gewohnheiten mit gesetzesgleicher Verbindlichkeit handeln – ist es nicht möglich, den wechselhaften Situationen des Lebens gerecht zu werden. Um nicht nur Norm-Gerechtigkeit, sondern Gerechtigkeit für den Einzelfall zu verwirklichen, dürfen Gesetze nicht legalistisch angewandt und interpretiert werden. Im Kirchenrecht stehen vielmehr dynamische Prinzipien zur Verfügung, um allgemeine Normen den konkreten Umständen des menschlichen Lebens anzupassen.

7.1 Dispens

Die von der zuständigen kirchlichen Autorität gewährte Befreiung von einem rein kirchlichen Gesetz im Einzelfall wird als Dispens be-

[100] H. Müller, Rezeption und Konsens in der Kirche, 20.

zeichnet (vgl. c. 85).[101] Das Gesetz als solches besteht fort; befreit wird lediglich von seiner Verpflichtungskraft für den Einzelfall, um unbillige Härten abzuwenden, die das allgemein formulierte Gesetz mit sich bringen kann.[102] Vom göttlichen Recht kann nicht dispensiert werden, auch nicht von Gesetzen, insoweit sie Wesenselemente von Rechtsinstitutionen oder Rechtsakten umschreiben (c. 86). So ist es z.B. bei der Errichtung einer Pfarrei (Rechtsinstitut) nicht möglich, von dem abzusehen, was zu einer Pfarrei wesentlich dazugehört (vgl. c. 515); und bei einem Vertragsabschluß (Rechtsakt) kann nicht vom Einverständnis der Vertragspartner dispensiert werden (vgl. cc. 124 f.). Für die Gewährung einer Dispens muß ein gerechter und vernünftiger Grund vorliegen; andernfalls ist sie unerlaubt und kann sogar ungültig sein, wenn die Dispens nicht vom jeweiligen Gesetzgeber selbst oder dessen Oberen, sondern von einem anderen Inhaber kirchlicher Leitungsvollmacht erteilt wurde (vgl. c. 90). Das Vorhandensein eines hinreichenden Grundes ist insofern bedeutsam, als sich hieraus die innere Rechtfertigung des Dispenswesens ableiten läßt. Eine Befreiung vom Gesetz wird um einer höheren Gerechtigkeit willen erteilt, weil die bloße Gesetzes-Gerechtigkeit der konkreten Lebenswirklichkeit oft nicht gerecht zu werden vermag. Würde die Dispens ohne hinreichenden Grund erteilt, wäre sie Ausdruck eines willkürlichen Vorgehens und müßte als willkürliches Herrschaftsinstrument mißverstanden werden.[103] Wenn hingegen die Befreiung vom Gesetz, obgleich nicht grundlos, in großer Häufigkeit, d.h. fast in jedem Einzelfall, erteilt wird, ist dies ein Zeichen dafür, daß sich das Gesetz allzu weit von der Lebenswirklichkeit entfernt hat und eine Gesetzesänderung vonnöten ist; andernfalls wird das Dispenswesen innerlich ausgehöhlt, und die Dispenspraxis führt zu einer routinemäßigen Handhabung, zu einer leichtfertigen Befreiung von kirchlichen Gesetzen, wodurch der Sinn eines Gesetzes wie auch der Dispenserteilung verdunkelt wird.

---

[101] Zur historischen Entwicklung des Dispenswesens vgl. J. Lederer, Der Dispensbegriff des kanonischen Rechtes, 3-44.

[102] Von der Dispens ist das Privileg zu unterscheiden, das nicht nur die Befreiung von einem Gesetz beinhaltet, sondern ein Ausnahmerecht darstellt, das auf einer Sondergenehmigung beruht, und als solches ein bestimmtes Tun ermöglicht (vgl. cc. 76-84); zum Privileg gehört auch das Indult, das im CIC nicht klar umschrieben, aber in verschiedenen Zusammenhängen angesprochen wird (vgl. z.B. cc. 320 § 2, 684 § 2, 995 § 2, 1015 § 2, 1021).

[103] Vgl. W. Aymans, Kanonisches Recht I, 279 f.

An mehreren Stellen handelt das Gesetzbuch von Dispens in einem unspezifischen Sinn: vgl. z.B. c. 992 (Gnadenverwaltung), cc. 1194, 1196, 1203 (Aufhebung der Verpflichtungskraft eines Gelübdes oder Versprechenseides), c. 1697 (Auflösung einer nichtvollzogenen Ehe).

Eine wichtige Änderung im Vergleich zur früheren Rechtslage hat c. 87 gebracht. Hierbei geht es um den Wechsel vom Konzessions- zum Reservationssystem, der durch das II. Vatikanische Konzil bewirkt wurde, näherhin durch die Aufwertung des Bischofsamtes (vgl. CD 8) und damit zusammenhängend der Teilkirche gegenüber der Gesamtkirche (vgl. CD 11). Konnten nach c. 81 CIC/1917 die Ordinarien von allgemeinen Gesetzen nicht dispensieren, wenn ihnen diese Vollmacht vom Apostolischen Stuhl nicht ausdrücklich oder einschlußweise zugestanden worden war (Konzessionssystem), ist nunmehr eine Umkehrung eingetreten: der Diözesanbischof kann von allgemeinen (Disziplinar-)Gesetzen[104] dispensieren, sofern es sich nicht um Gesetze handelt, deren Dispens dem Apostolischen Stuhl oder einer anderen Autorität eigens vorbehalten ist[105] (Reservationssystem); in die Dispensbefugnis des Diözesanbischofs[106] fallen auch partikulare Gesetze, die von der höchsten kirchlichen Autorität für sein Gebiet oder für die ihm anvertrauten Gläubigen[107] erlassen worden sind.

Von der Dispensbefugnis des Diözesanbischofs sind nach c. 87 ausdrücklich prozeß- und strafrechtliche Bestimmungen ausgenommen. In der Tat erscheint eine Dispens in diesem Bereich nicht sinnvoll zu sein, da prozeß- und strafrechtliche Bestimmungen auf den Rechts-

---

[104] Da die Dispens die Befreiung von der Verpflichtungskraft eines Gesetzes beinhaltet, sind unter den Disziplinargesetzen jene Gesetze zu verstehen, durch die die Gläubigen unmittelbar in Pflicht genommen werden, durch die also ein bestimmtes Tun oder Unterlassen von den Gläubigen gefordert wird.

[105] Wenn die Bedingungen von c. 87 § 2 erfüllt sind, kann der Diözesanbischof auch von vorbehaltenen Gesetzen dispensieren.

[106] Das Gesetzbuch unterscheidet hier zwischen universalen und partikularen Gesetzen, von denen der *Diözesanbischof* dispensieren kann (cc. 87, 134 § 3), und diözesanen Gesetzen bzw. Gesetzen eines Plenar- oder Provinzialkonzils oder einer Bischofskonferenz, von denen der *Ortsordinarius* dispensieren kann (cc. 88, 134 § 2).

[107] Das Gesetzbuch spricht hier (c. 87 § 1 wie auch in anderen Zusammenhängen von Untergebenen ("subditi"). Gläubige sind aber nicht und verstehen sich nicht als Untergebene ihres Bischofs, sondern als Mitträger der kirchlichen Heilssendung (vgl. cc. 204 § 1, 208), in welcher dem Bischofsamt eine besondere Verantwortlichkeit zukommt.

schutz des einzelnen bzw. auf den Schutz der wichtigsten Rechtsgüter in der kirchlichen Gemeinschaft gerichtet sind.

Unabdingbare Voraussetzung für die Gewährung einer Dispens gemäß c. 87 ist, daß diese nach dem Urteil des Diözesanbischofs zum geistlichen Wohl des betreffenden Gläubigen beiträgt; durch die Befreiung von der Verpflichtungskraft eines Gesetzes im Einzelfall soll dem geistlichen Wohl der Gläubigen eher gedient werden, als es durch die strikte Anwendung oder Befolgung des betreffenden Gesetzes möglich ist. Die hieraus resultierende Spannung, wann dem Gesetz und wann der Befreiung vom Gesetz der Vorzug zu geben ist, weist auf einen Ermessensspielraum des Diözesanbischofs hin, der im Einzelfall die für die Dispenserteilung geltend gemachten Gründe abwägen muß.

7.2 Aequitas canonica

Kanonische Billigkeit verbindet die griechisch-römische Lehre von der "aequitas" (= Gleichheit, Ebenmaß, Billigkeit) mit der biblisch-patristischen Forderung nach "misericordia", wodurch der Gesichtspunkt der Barmherzigkeit auch in das Rechtsdenken eingebracht wurde.[108] Sie richtet sich gegen zelotischen Rigorismus und bloße Legalität (vgl. Mk 2,23-28; 7,6-13; Lk 11,42-46); der Mensch, der auf die erbarmende Liebe Gottes angewiesen ist, soll Barmherzigkeit auch gegenüber seinem Nächsten üben (vgl. Mt 18,23-35; Lk 10,25-37). Kanonische Billigkeit ist in der kirchlichen Rechtsordnung als Prinzip der Rechtsanwendung durchaus anerkannt, d.h. als Maßstab des Handelns für die kirchliche Autorität. Sie ermöglicht, in der Rechtsfindung die örtlichen, zeitlichen und persönlichen Umstände zu berücksichtigen, um gegenüber dem Buchstaben des Gesetzes eine höhere Gerechtigkeit (vgl. Mt 5,20) zu verwirklichen. Allerdings kommt der Begriff selbst nur zweimal im CIC vor, wenn man von vergleichbaren Wendungen (Billigkeit wahren, eine billige, angemessene Lösung suchen, nach billigem und gutem Ermessen) einmal absieht (vgl. z.B. cc. 122, 221 § 2, 1446 § 2):

- Wenn ein entsprechendes Gesetz oder Gewohnheitsrecht fehlt, ist gemäß c. 19 eine Sache unter Berücksichtigung von Ge-

---

[108] Zur rechtsgeschichtlichen Herleitung der "aequitas canonica" vgl. H. Müller, Barmherzigkeit in der Rechtsordnung der Kirche, 358-364; Th. Schüller, Barmherzigkeit als Prinzip der Rechtsapplikation, 325-392.

setzen zu entscheiden , die für ähnlich gelagerte Fälle erlassen worden sind (= Gesetzesanalogie), oder von allgemeinen Rechtsprinzipien unter Wahrung der kanonischen Billigkeit (= Rechtsanalogie).[109] Hiernach ist also kanonische Billigkeit (Angemessenheit) gefordert, um allgemeine Rechtsprinzipien auf einen konkreten Sachverhalt zu beziehen, der sonst nicht entschieden werden könnte.

- Nach c. 1752 ist bei der Anwendung rechtlicher Bestimmungen die Wahrung der kanonischen Billigkeit gefordert. Was hier auf einen bestimmten Bereich (Versetzungsverfahren) bezogen wird, hat für die Rechtsanwendung grundsätzliche Bedeutung. Wer nämlich kirchliche Rechtsvorschriften auf eine bestimmte Situation appliziert, muß dabei die kanonische Billigkeit wahren.

Die Berücksichtigung der kanonischen Billigkeit führt in der Regel zur Milde gegenüber der Strenge des Gesetzes (vgl. cc. 978 § 1, 1324, 1341-1346), kann gelegentlich aber auch eine Verschärfung bedeuten (vgl. cc. 1326, 1349, 1399), wenn der im Gesetz vorgesehene Rechtsschutz nicht ausreichend ist. "Der Rechtsanwendende hat das abstrakte Recht zu 'konkretisieren', d.h. einem notwendig allgemeinen Rechtssatz dadurch Bestimmtheit zu verleihen, daß dieser mit Merkmalen von außen, also nicht aus seinem eigenen Inhalt, aufgefüllt wird. Dazu sind Überlegungen und Urteile erforderlich, die sich aus dem Erfassen von Sinnzusammenhängen und dem Verständnis für Werte und Erfahrungen ergeben sowie die Konsequenzen der Entscheidung bedenken. Diese steht in der Kirche immer im Dienste des Glaubens und ist immer an Auftrag und Sendung der Kirche gebunden. Der Graben zwischen der abstrakten Norm und dem konkreten Fall, der durch 'Konkretisierung' der Rechtsnorm zu überbrücken ist, kann so groß sein, daß die Rechtsanwendung mit der Norm sogar offen in Widerstreit gerät."[110]

---

[109] Weitere Mittel zur Schließung von Gesetzeslücken sind nach c. 19 die Rechtsauffassung und Rechtspraxis der Römischen Rota und die gemeinsame und ständige Ansicht der Fachgelehrten. In Strafsachen (z.B. Verhängung oder Feststellung einer Strafe) darf aber nicht, wie c. 19 betont, auf die Mittel zur Schließung einer Gesetzeslücke zurückgegriffen werden, weil in diesem Bereich eine größere Rechtssicherheit bestehen muß.

[110] H. Müller, Barmherzigkeit in der Rechtsordnung der Kirche, 366; vgl. G. May, A. Egler, Einführung in die kirchenrechtliche Methode, 252-254.

7.3 Epikie

In der griechisch-aristotelischen Philosopie verwurzelt, ist Epikie (επεικεια = Billigkeit, Milde, Nachsicht) in der christlichen Tradition als sittliche Tugend anerkannt[111], die auch in den Rechtsbereich hineinwirkt. Sie fordert den einzelnen auf, situations- und sachgerecht zu urteilen, gegebenenfalls auch gegen das gesetzte Recht. Wo nämlich die Beobachtung eines Gesetzes, das objektiv fortbesteht, zu Unrecht (Naturrechtsverletzung) führt oder einen schwerwiegenden Schaden für die Gemeinschaft mit sich bringt, verliert es im Einzelfall seine verpflichtende Kraft. Epikie bedeutet daher die subjektive Gewissensentscheidung des Einzelnen, an ein bestimmtes Gesetz im Einzelfall nicht gebunden zu sein. Für eine solche Gewissensentscheidung können verschiedene Gründe geltend gemacht werden:

- Der Zweck, der die Promulgation eines Gesetzes veranlaßt hat (vgl. c. 17), ist weggefallen.
- Eine Konfliktsituation entsteht, wenn durch die Befolgung des einen Gesetzes anderes und vielleicht höherrangiges Recht verletzt wird (= Normenkollision).
- Die Erfüllung eines Gesetzes ist physisch oder moralisch unmöglich. Physische Gewaltanwendung, aber auch erhebliche Schwierigkeiten, die mit der Erfüllung eines Gesetzes im konkreten Fall verbunden sind, dem einzelnen jedoch nicht zugemutet werden können, schließen gemäß c. 1323 nn. 3-4 jede Verantwortlichkeit vor dem Gesetz aus.

Epikie setzt einen verantwortungsvollen Umgang mit der eigenen Freiheit voraus; sonst wird sie zum Vorwand für geschickte Gesetzesumgehung.

Zusammenfassend läßt sich sagen: Während sich die Epikie an den einzelnen Gläubigen, die kanonsiche Billigkeit hingegen an den geistlichen Amtsträger wendet, geht die Dispens aus einem Zusammenwirken zwischen Gläubigen und Amtsträgern hervor.[112]

---

[111] Vgl. Thomas von Aquin, S. th. II-II, q. 120 a. 1. Zu den historischen Wurzeln insgesamt G. Virt, Epikie, 14-171.

[112] Vgl. A. Hollerbach, Billigkeit, 811.

Teil II
Ortskirche

1 Wesenselemente

Der theologische Leitsatz des c. 369 CIC greift zur Bestimmung der Diözese wörtlich auf das Dekret des II. Vatikanischen Konzils über das Bischofsamt zurück (vgl. CD 11,1). Hiernach sind für eine Diözese, die die Normalform einer Teilkirche (Ortskirche) darstellt (vgl. c. 368),[1] folgende Elemente konstitutiv:

- Die Diözese bildet einen Teil des Gottesvolkes. Auch wenn die Diözese in der Regel gebietsmäßig genau abzugrenzen ist und alle Gläubigen des betreffenden Territoriums umfaßt (c. 372 § 1), ist die territoriale Abgrenzung doch nicht wesentlich. Vielmehr stehen personale Gesichtspunkte im Vordergrund. Es geht um eine Gemeinschaft von Gläubigen, die auch aufgrund ihrer Rituszugehörigkeit oder aus anderen, ähnlich gearteten Gründen (z.B. für die Militärseelsorge) zu einer eigenen Teilkirche zusammengeschlossen werden können (c. 372 § 2). Jede rechtmäßig errichtete Teilkirche ist von Rechts wegen auch juristische Person (c. 373), d.h. Träger von Rechten und Pflichten (cc. 113 § 2, 115, 116 § 2).

- Der Bischof ist Hirt der ihm anvertrauten Teilkirche; in Zusammenarbeit mit dem Presbyterium soll er das ihm anvertraute Gottesvolk weiden (vgl. cc. 369, 375 § 1). Das Presbyterium gehört also zum Leitungsdienst der Diözese; dies findet seinen rechtlichen Niederschlag unter anderem darin, daß in jeder Diözese ein Priesterrat einzurichten ist, der gleichsam als Senat des Bischofs das Presbyterium repräsentiert und den Bischof in der Leitung der Diözese unterstützen soll (c. 495 § 1).

- Die Gemeinschaft der Gläubigen wird vom Bischof in Zusammenarbeit mit dem Presbyterium durch das Evangelium und

---

1 Zu den Sonderformen einer Ortskirche (Gebietsprälatur, Gebietsabtei, Apostolisches Vikariat, Apostolische Präfektur, Apostolische Administratur) siehe cc. 370 f. CIC.

die Eucharistie im Heiligen Geist zusammengeführt (c. 369). Mit anderen Worten: Alle kirchlichen Lebensvollzüge werden in der Teilkirche greifbar; die Gemeinschaft der Gläubigen wird auferbaut und gefestigt durch die Verkündigung des Wortes, die Feier der Sakramente und das lebendige Wirken des Gottesgeistes.

- In der Teilkirche ist die eine, heilige, katholische und apostolische Kirche Christi gegenwärtig und wirksam (c. 369; vgl. auch c. 368). Die Teilkirche ist also weder ein Verwaltungsbezirk der Gesamtkirche, noch eine rechtlich völlig selbständige Größe; ihre Eigenart kommt erst dann in den Blick, wenn man bedenkt, daß sie einerseits alle Lebensvollzüge der Kirche in sich birgt und andererseits auf die Gesamtkirche hingeordnet ist, die in und aus den vielen Teilkirchen besteht (vgl. LG 23,1).

- Bei der theologischen Wesensbeschreibung der Teilkirche in c. 369 fehlt die Aussage, daß die Gläubigen insgesamt Mitträger der kirchlichen Heilssendung sind; es wird vielmehr nur festgelegt, daß sie der Hirtensorge des Bischofs anvertraut sind. Dies darf nicht in dem Sinn mißverstanden werden, als ob die Gläubigen und insbesondere die Laien nur Objekt der Seelsorge wären; ein solches Verständnis der Teilkirche als einer Betreuungsinstitution liegt dem CIC von 1983 fern. Nach diesem Gesetzbuch erscheint vielmehr eine Mitwirkung der Laien bei der Ausübung der Seelsorge nicht nur möglich, sondern auch notwendig; Grundlage hierfür ist die Teilhabe aller Gläubigen an dem priesterlichen, prophetischen und königlichen Dienstamt Christi (vgl. c. 204 § 1).

2 Bischof und Presbyterium

Der CIC/1983 behandelt das Bischofsamt nicht als eine in sich selbst ruhende Größe, sondern bindet es ekklesiologisch in die Wesensmerkmale ein, die zu einer Teil- bzw. Ortskirche gehören (c. 369). Damit bringt er einen doppelten Aspekt zum Ausdruck: Zum einen wird deutlich, daß der Bischof die vielfältigen Aufgaben, die mit seinem Amt verbunden sind, nicht allein und in individualistischer Weise wahrnehmen kann, sondern auf die Mitwirkung von Gläubigen – Klerikern, Laien und Ordenschristen – angewiesen ist. Der theologische Grund hierfür liegt darin, daß das Bischofsamt nicht nur personal, sondern auch synodal angelegt ist; hinsichtlich der Gesamtkirche verweist es auf die Gemeinschaft mit den anderen Bischöfen (Bischofskollegium), hinsichtlich der Teilkirche auf die Gemeinschaft mit den Priestern (Presbyterium) und dem ihm anvertrauten Gottesvolk insgesamt.[2] Zum anderen wird dadurch klar herausgestellt, daß innerhalb der gemeinsamen Sendung des Gottesvolkes dem Bischofsamt eine spezifische Sendung zukommt, die das II. Vatikanum dahingehend bestimmt, daß der Bischof "sichtbares Prinzip und Fundament der Einheit" in seiner Teilkirche ist (LG 23,1).

2.1 Die rechtliche Stellung des Bischofs

In Übereinstimmung mit der Lehre des II. Vatikanischen Konzils (vgl. LG 21,2) betont das kirchliche Gesetzbuch, daß das Bischofsamt *sakramental* begründet ist. Kraft göttlicher Einsetzung treten die Bischöfe durch den Heiligen Geist an die Stelle der Apostel und werden in der Kirche zu Hirten bestellt; somit ist die ganze bischöfliche Sendung in einem sakramentalen Bereich verankert (cc. 375, 1008 f.).

Näherhin wird die Vollmacht des Bischofs, der einer Ortskirche vorsteht, als eine "ordentliche, eigenständige und unmittelbare Vollmacht" bestimmt (c. 381 § 1). *Unmittelbar* ist die Vollmacht des Bischofs, insofern er in der Ausübung dieser Vollmacht rechtlich nicht an andere gebunden ist, abgesehen freilich von gesamtkirchlichen Bindungen und den im Gesetzbuch vorgesehenen Mitwirkungsrechten, die Beratungs- und Stellvertretungsorganen in einer Teilkirche zustehen. *Ordentlich* ist die Vollmacht des Bischofs, weil sie ihm nicht als delegierte Vollmacht vom Papst oder einer anderen Autorität übertragen wird, sondern mit dem Bischofsamt selbst gegeben ist. Neu gegenüber der früheren Rechtslage ist das Merkmal der *Eigenständigkeit*, d.h. die Bischöfe leiten die Teilkirchen, denen sie vorstehen, nicht als Stellvertreter des Papstes, sondern als "Stellvertreter und Gesandte Christi" und üben die ihnen eigene Vollmacht im Namen Christi aus (vgl. LG 27,1 f.).

In der Ausübung des Hirtendienstes ist der Bischof nicht mehr wie im CIC/1917 auf die Gewährung einzelner Vollmachten durch den

---

[2] Vgl. hierzu E. Corecco, Aspekte der Rezeption, 348 f.

Papst angewiesen (= Konzessionssystem), sondern besitzt bis auf jene Fälle, die gemäß c. 381 § 1 der höchsten oder einer anderen Autorität der Kirche vorbehalten sind, eine umfassende Vollmacht (= Reservationssystem). Die Möglichkeit der Reservation zugunsten des Papstes oder einer Bischofskonferenz stellt keine juristisch willkürliche Festlegung dar, wenn sie sich auf Sachverhalte bezieht, die von überdiözesanem oder sogar gesamtkirchlichem Interesse sind. Zu Schwierigkeiten kommt es nur dann, wenn die vorgenommenen Reservationen zu weit reichen, so daß das Bischofsamt und damit auch die Eigenverantwortung einer Teilkirche ausgehöhlt werden.

2.1.1 Bischöflicher Dienst

Die den Bischöfen eigene Vollmacht darf nicht mit irgendeiner innerweltlichen Ordnungsmacht verwechselt werden. Sie bedeutet nicht Herrschaft über andere, sondern zielt auf die Ausübung des Hirtendienstes hin, also darauf, daß Wort und Sakrament ihre heilsvermittelnde Funktion entfalten können. Diesen Dienstcharakter des bischöflichen Amtes stellt das Gesetzbuch von 1983 deutlicher als der Codex von 1917 heraus: Der Bischof muß sich um alle Gläubigen kümmern, die seiner pastoralen Sorge anvertraut sind, auch und gerade um jene, die die religiöse Praxis aufgegeben haben (c. 383 § 1). Zum Aufgabenkatalog des Bischofs gehört des weiteren das ökumenische Anliegen, das Bemühen um eine tiefere Einheit mit den getrennten Kirchen und kirchlichen Gemeinschaften (cc. 383 § 3, 755 § 2). Schließlich obliegt dem Bischof die Sorge für die Nichtchristen bzw. Nichtgetauften; als "Förderer der Gesamtkirche und aller Kirchen" soll er missionarische Vorhaben vor allem in seiner Teilkirche anregen und unterstützen (c. 782 § 2; vgl. c. 383).

Um den Anforderungen des bischöflichen Dienstes gerecht zu werden, muß der Bischof seine Ortskirche regelmäßig visitieren (c. 396), in ihr persönlich anwesend sein (c. 395) sowie für seine Gläubigen und deren Anliegen an Sonn- und Feiertagen die Eucharistie feiern (c. 388).

2.1.2 *Bischofsbestellung*

1. Während nach dem früheren Codex der Papst das ausschließliche Ernennungsrecht der Bischöfe innehatte und die Bischofswahl nur als Ausnahmeregelung vorgesehen war (c. 329 CIC/1917), steht nach c. 377 § 1 CIC/1983 die Möglichkeit einer Bischofswahl gleichberechtigt neben dem freien Ernennungsrecht des Papstes. Da allerdings der Gesetzgeber nicht sagt, wem ein Bischofswahlrecht zusteht, hat sich die gesamtkirchliche Praxis noch nicht geändert. Sowohl für die Bischofsernennung wie auch für die Bischofswahl sind die Regelungen nach c. 377 §§ 2 und 3 einzuhalten: absolutes und relatives Listenverfahren; im ersten Fall wird unabhängig von einer konkreten Neubesetzung von den zuständigen Bischöfen alle drei Jahre eine Liste geeigneter Kandidaten dem Apostolischen Stuhl eingereicht, im zweiten Fall ist bei Vakanz eines Bischofsstuhles über den Nuntius dem Papst ein Dreier-Vorschlag vorzulegen, ohne daß aus dem Gesetzbuch erkennbar wird, wer den Dreier-Vorschlag zu erstellen hat. In jedem Fall aber wird das Bischofsamt durch den Papst übertragen, wobei c. 377 § 5 weltliche Mitwirkungsrechte ausschließt; die Bestellung von Bischöfen stellt ein eigenständiges und an sich ausschließliches Recht der Kirche dar (vgl. CD 20).

Der berufene Bischof muß innerhalb von drei Monaten und vor der Amtseinführung die Bischofsweihe empfangen (c. 379) und darf sich zuvor nicht in die Ausübung des ihm übertragenen Amtes einmischen (c. 382 § 1).[3] Allerdings hätte die Zuordnung von Bischofsweihe und Bischofsamt dadurch deutlicher zum Ausdruck gebracht werden müssen, daß derjenige, der zum Bischof ernannt wird, erst mit der Bischofsweihe und durch diese das Bischofsamt erlangt.[4]

---

3 Anachronistisch wirkt es, wenn der CIC im Anschluß an das mittelalterliche Benefizialsystem immer noch von "kanonischer Besitzergreifung" (vgl. c. 382) statt von "Amtseinführung" spricht.

4 Vgl. H. Schmitz, Der Diözesanbischof, 340.

2. In Deutschland gelten aufgrund der Konkordate mit Bayern (1924), Preußen (1929) und Baden (1932) Sonderregelungen,[5] die gemäß c. 3 CIC fortbestehen.

Nach Art. 14 des *Bayerischen Konkordates* sind folgende Schritte zu beachten:

- Alle drei Jahre werden in einem absoluten Listenverfahren von den Bischöfen und Kapiteln der bayerischen Diözesen (mit Einschluß der Diözese Speyer) dem Apostolischen Stuhl geeignete Kandidaten vorgeschlagen.
- Bei Vakanz einer Diözese wird vom Kapitel der betreffenden Diözese eine zusätzliche Liste dem Apostolischen Stuhl eingereicht.
- Unter rechtlicher Bindung an die eingereichten Vorschläge hat der Papst volle Freiheit in der Ernennung des Bischofs.
- Die Ernennung des neuen Bischofs erfolgt erst dann, wenn der Apostolische Stuhl bei der bayerischen Regierung nachgefragt hat, ob gegen den Kandidaten Bedenken politischer Art bestehen; eventuell vorgebrachte Bedenken beeinträchtigen nicht die Freiheit des Papstes in der Bischofsbestellung, da sie nicht den Charakter eines absoluten Vetos haben, sondern nur eine Empfehlung darstellen.

Nach Art. 6 des *Preußischen Konkordates* gilt für die Bischofsbestellung folgende Regelung:

- Bei Sedisvakanz reichen das Domkapitel der freigewordenen Diözese sowie alle Bischöfe des Landes dem Apostolischen Stuhl eine Vorschlagsliste ein.
- Unter Würdigung, also nicht unter strenger rechtlicher Bindung, stellt der Papst einen Dreier–Vorschlag auf.
- Aus dieser Dreier–Liste wählt das Domkapitel in freier und geheimer Wahl den neuen Bischof.

---

[5] Abgedruckt in: J. Listl, Die Konkordate und Kirchenverträge, Bd. I, 136-151 (Badisches Konkordat), Bd. I, 289-302 (Bayerisches Konkordat), Bd. II, 709-724 (Preußisches Konkordat); vgl. dazu A. Hollerbach, Staat und Bischofsamt, 54-61; J. Listl, Die Besetzung der Bischofsstühle, 35-53.

- Nach der Wahl muß das Kapitel durch Anfrage bei der zuständigen Regierung feststellen, ob Bedenken politischer Art gegen den Geistlichen bestehen; wenn solche Bedenken nicht gegeben sind, obliegt es dem Apostolischen Stuhl, den neuen Bischof zu ernennen.

Das *Badische Konkordat* (Art. 3) gilt nicht nur für die Bischofsbestellung in der Erzdiözese Freiburg, sondern gemäß dem Reichskonkordat von 1933[6] (Art. 14) auch für die Diözesen Rottenburg–Stuttgart, Mainz und Meißen; die Bischofsbestellung erfolgt grundsätzlich wie nach dem Preußischen Konkordat. Nur in zwei Punkten weist es Besonderheiten auf: in der vom Papst vorgelegten Liste muß ein Priester der neu zu besetzenden Diözese stehen; die Anfrage bei der Staatsregierung nimmt nicht das Kapitel, sondern der Apostolische Stuhl selbst vor. Bei diesen konkordatären Regelungen ist die Anordnung der Würzburger Synode zu beachten, wonach einzelne Mitglieder des Priester– und Pastoralrates in das Verfahren der Bischofsbestellung einzubeziehen sind; dies bedeutet zumindest, daß das Domkapitel vor Erstellung der Vorschlagsliste einzelne Mitglieder dieser Gremien über geeignete Kandidaten befragt.[7]

Ein Bischofswahlrecht besteht im deutschsprachigen Raum außerdem in den schweizerischen Diözesen Basel, St. Gallen und Chur sowie im österreichischen Salzburg.

3. In den mit dem Apostolischen Stuhl unierten Ostkirchen hat sich ein Bischofswahlrecht erhalten, das die Bischofssynode der Patriarchalkirche gemäß cc. 180-189 CCEO wahrnimmt.[8] Wird der Bischof aus einer vom Apostolischen Stuhl approbierten Liste gewählt, so ist nur eine Benachrichtigung des Papstes erforderlich; andernfalls muß nach vollzogener Wahl die päpstliche Zustimmung eingeholt werden.

4. In der Geschichte der Kirche hat es unterschiedliche Formen der Bischofsbestellung gegeben: Wahl durch Klerus und Volk, Mitwirkung weltlicher Kräfte, freie Ernennung durch den

---

6 Vgl. J. Listl, Die Konkordate und Kirchenverträge, Bd. I, 27-61.

7 Vgl. Gemeinsame Synode, 667, 670.

8 Vgl. hierzu H. Paarhammer, Bischofsbestellung im CCEO, 397-406.

Papst.[9] Daher müßte auch heute eine Reform der geltenden Rechtslage möglich sein. Angesichts der Communio–Ekklesiologie sollte eine Neuordnung angestrebt werden, bei der alle Ebenen der kirchlichen Gemeinschaft an der Bischofsbestellung beteiligt wären.[10] Hier ist zum Beispiel folgendes Modell denkbar:

- Mitwirkung der Ortskirche: Aufstellung einer Kandidatenliste durch den Priester– und Pastoralrat. Um teilkirchliche Partikularismen zu vermeiden, könnte die Aufstellung eines Priesters, der nicht zur Diözese gehört, zur Bedingung gemacht werden; außerdem sollte die Möglichkeit bestehen, daß die Kandidatenliste durch übergeordnete Instanzen ergänzt wird.
- Mitwirkung der Zwischeninstanz: Wahl durch die Bischöfe der Kirchenprovinz bzw. der Bischofskonferenz (vgl. Ostkirche). Dadurch könnte vermieden werden, daß die Bischöfe nur für die Erteilung der Weihe zuständig sind – eine Regelung, die sakramentales Geschehen und jurisdiktionelles Handeln auseinanderreißt.
- Mitwirkung des Papstes: Bestätigung der Wahl. Da der Papst den Bischöfen die "Communio hierarchica" (LG 22,1) erteilt, muß er das Recht haben, den gewählten Bischof erst dann zu bestätigen, wenn dessen Eignung feststeht.

2.1.3 Titularbischof

Bischof meint in der Regel Diözesanbischof; alle anderen Bischöfe, die keiner Diözese vorstehen, werden Titularbischöfe genannt (c. 376): Auxiliar– bzw. Weihbischof, Bischofskoadjutor, vorübergehender Leiter eines Bistums, Vorsteher diözesanähnlicher Teilkirchen, päpstliche Legaten und führende Mitarbeiter in der römischen Kurie.

Die Rechtsfigur der Titularbischöfe ist in ihrer Entstehung eine Folge des Auseinanderreißens von Weihe– und Jurisdiktionsgewalt. Dies wird besonders deutlich an der Gegenüberstellung von Weih– und

---

[9] Vgl. H. Müller, Der Anteil der Laien an der Bischofswahl, 25-203; R. Potz, Bischofsernennungen, 20-48.

[10] H. Schmitz, Plädoyer für Bischofs– und Pfarrerwahl, 244-247; M. Kaiser, Besetzung der Bischofsstühle, 85-89.

Fürstbischöfen; während die Weihbischöfe mehr oder weniger ausschließlich für sakramentale Weihehandlungen zuständig waren, oblag den Fürstbischöfen, die oft gar nicht zu Bischöfen geweiht waren, die äußere Leitung der Diözese.

Die vom II. Vatikanischen Konzil verfolgte Aufwertung des Bischofsamtes hat sich auch auf die rechtliche Stellung der Koadjutoren und Auxiliarbischöfe ausgewirkt (vgl. CD 25 f.): Mitgliedschaft im Bischofskollegium, Teilnahmerecht am Ökumenischen Konzil, Zugehörigkeit zur Bischofskonferenz usw.

Aus pastoralen Gründen kann es notwendig sein, in einer Diözese einen oder mehrere Auxiliarbischöfe zu bestellen (c. 403 §§ 1 und 2), die vom Apostolischen Stuhl auf Ersuchen des Diözesanbischofs ernannt werden (c. 377 § 4). Gegebenenfalls kann der Apostolische Stuhl auch einen Bischofskoadjutor mit dem Recht der Nachfolge bestellen (c. 403 § 3). Um die Kluft zwischen Weihe und Jurisdiktion möglichst gering zu halten, ist der Bischofskoadjutor und der Auxiliarbischof mit besonderen Vollmachten zum Generalvikar, der einfache Auxiliarbischof zum Bischofs- oder auch Generalvikar zu ernennen.

2.2 Funktion und ekklesiologische Bedeutung des Presbyteriums

Es gehört zu den Merkwürdigkeiten der neueren Kirchengeschichte, daß die urkirchliche Bedeutung von "Presbyterium" im Laufe der Jahrhunderte gänzlich verlorengegangen ist und unmittelbar vor dem II. Vatikanischen Konzil darunter lediglich der den Klerikern vorbehaltene Altarraum im Kirchengebäude verstanden wurde.[11] Das Konzil hat Presbyterium als ekklesiologische Größe wiederentdeckt;[12] dabei ist es ihm allerdings nicht gelungen, den Begriff "Presbyterium" inhaltlich klar zu erfassen. In den Konzilstexten lassen sich folgende Bedeutungsrichtungen erkennen:

- Presbyterium = Presbyterat. Priester werden als Helfer der Bischöfe bestimmt, als ob sich in der Kirche zwei große Kollegien einander gegenüberstünden:[13] Presbyterium und Bischofs-

---

11 Vgl. J. Sauer, Presbyterium, in: LThK VIII, (^{2}1963), 725.

12 Ausführlicher hierzu O. Saier, "Communio" in der Lehre des Zweiten Vatikanischen Konzils, 257-295.

13 Vgl. LG 28,2 (gegen Ende); PO 2,2.

kollegium. Demzufolge wäre das Bischofskollegium als gesamtkirchliches Führungskollegium, das Presbyterium als erstes und wichtigstes Kollegium der Mitarbeiter zu bestimmen. Gegenüber diesem Mißverständnis muß beachtet werden, daß Presbyterat und Presbyterium nicht deckungsgleich sind; Presbyterat weist auf die sakramentale Verbundenheit aller Priester untereinander hin, Presbyterium hingegen ist auf die Teilkirche bezogen.

- Presbyterium = Gemeinschaft der in einer Teilkirche tätigen Priester als diözesane Priestergemeinschaft;[14] dabei wird Presbyterium aber nur im Gegenüber zum Bischofsamt bestimmt (korporativistisches Mißverständnis).

- Presbyterium = Gemeinschaft der in einer Teilkirche tätigen Priester zusammen mit dem Diözesanbischof als ihrem Haupt. Diese konziliare Grundaussage über das Presbyterium ist in LG 28,2 gegeben: "Als sorgsame Mitarbeiter, als Helfer und Organe der Ordnung der Bischöfe bilden die Priester, die zum Dienst am Volk Gottes berufen sind, zusammen mit ihrem Bischof ein einziges Presbyterium, das freilich mit unterschiedlichen Aufgaben betraut ist."

Der CIC/1983 hat den Impuls des II. Vatikanischen Konzils nicht hinreichend aufgegriffen: Er enthält weder einen eigenen Abschnitt noch eine Begriffsbestimmung des Presbyteriums; in den cc. 369 und 495 § 1 ist sogar die Gefahr eines korporativistischen Mißverständnisses gegeben.[15] Als ekklesiologische Wirklichkeit kann das Presbyterium nur dann in den Blick kommen, wenn man die synodale Struktur der Gesamtkirche auch auf die Teilkirche überträgt; Priester sind "notwendige Helfer und Ratgeber" (PO 7,1) des Bischofs, und zwar nicht nur aus pragmatischen Gründen, weil der Bischof nicht selbst alle Aufgaben wahrnehmen kann, sondern auch aus der Einsicht heraus, daß das Bischofsamt nicht nur personal, sondern auch synodal angelegt ist.

Drei konstitutive Elemente gehören zum Presbyterium: Bischof – die ihm zugeordneten priesterlichen Mitarbeiter – gemeinsame Aufgabe, einen Teil des Gottesvolkes zu leiten. Die Mitgliedschaft im Presbyterium wird durch ein sakramentales Element (Ordination) und

[14] Vgl. PO 7,1; CD 11,1; AG 19,3.

[15] Vgl. E. Corecco, Sacerdotium und Presbyterium im CIC, 37-41.

durch ein nichtsakramentales Element (kirchliche Beauftragung) bestimmt. Ordentliche Mitglieder des Presbyteriums sind die in ein und derselben Diözese inkardinierten und tätigen Priester, außerordentliche jene, die in einer Diözese tätig sind, ohne in dieser selbst inkardiniert zu sein.

3 *Beratungsorgane des Bischofs*

Auf der Ebene der Teilkirche gibt es verschiedene Beratungsorgane, durch die verhindert werden soll, daß das Bischofsamt in einem absolutistischen Sinn ausgeübt wird. Die Beratungsorgane, in denen die Mitverantwortung aller Gläubigen an der Sendung der Kirche in Erscheinung tritt, sind dadurch gekennzeichnet, daß der Bischof einerseits verpflichtet ist, den Rat dieser Organe einzuholen, andererseits nicht zu dem empfohlenen Handeln gezwungen werden kann; außerdem kommt dem Bischof die Leitungsfunktion zu. Die Einrichtung von Beratungsorganen weist somit darauf hin, daß der Bischof nicht *über* der Kirche steht, sondern *in* sie eingebunden ist und die Letztverantwortung trägt.

3.1 Diözesansynode

Als "eine Versammlung von ausgewählten Priestern und anderen Gläubigen" (c. 460 CIC) ist die Diözesansynode ein eher außerordentliches und relativ seltenes Ereignis im Leben einer Diözese.[16] Sie hängt gänzlich vom Bischof ab, der die Diözesansynode einberuft, leitet, die Beratungsgegenstände festlegt und als einziger gesetzgebende Gewalt innehat (vgl. cc. 461 f., 466); den übrigen Synodenmitgliedern kommt beratende Funktion zu. Bei Sedisvakanz oder Behinderung des Bischofs wird die Diözesansynode unterbrochen; der nachfolgende Bischof muß sie entweder fortführen oder beenden (c. 468 § 2). Die wichtigste Änderung gegenüber der bisherigen Rechtslage besteht darin, daß auch Laien, die vom Pastoralrat gewählt werden, als Synodenmitglieder einzuladen sind, wobei der

[16] Zur geschichtlichen Entwicklung der Diözesansynode vgl. W. Plöchl, Geschichte des Kirchenrechts, Bd. III, 283-289. Zur geltenden Rechtslage u. a. H. Heinemann, Der Bischof und die Diözesansynode, 584-590.

Bischof die Anzahl der zu Wählenden und den Wahlmodus festlegt (c. 463 § 1 n. 5). Außerdem hat der Gesetzgeber hier den ökumenischen Auftrag verwirklicht, insofern nichtkatholische Christen als Beobachter zur Diözesansynode eingeladen werden können (c. 463 § 3).

3.2 Priesterrat und Domkapitel

Vom II. Vatikanischen Konzil ist der Priesterrat als ein neues und verbindlich vorgeschriebenes Beratungsorgan auf der Ebene der Diözese eingeführt worden (PO 7,1). Indem er das Presbyterium repräsentiert, bildet der Priesterrat gleichsam den "Senat des Bischofs" und soll diesen bei der Leitung der Diözese unterstützen (c. 495 § 1). Demgemäß hat der Priesterrat, dem der Bischof vorsteht, nur ein beratendes Stimmrecht (c. 500 § 2); Anhörungs- und Zustimmungsrechte (vgl. c. 127) verändern den beratenden Charakter nicht, weil der Bischof nicht zu einer bestimmten Entscheidung genötigt werden kann. Zwar kennt der CIC kein einziges Beispiel für ein Zustimmungsrecht, wohl aber einige Anhörungsrechte, wie z.B. bei Errichtung, Aufhebung und wesentlicher Veränderung von Pfarreien (c. 515 § 2), bei Entscheidung, ob in der Diözese pfarrliche Pastoralräte eingesetzt werden sollen (c. 536 § 1), bei Festlegung von diözesanen Abgaben (c. 1263). Sachlich unbegründet ist die Norm, daß bei Sedisvakanz der Priesterrat aufhört zu bestehen (c. 501 § 2); denn der Priesterrat repräsentiert das Presbyterium, das (wie auch die Diözese) bei Sedisvakanz fortbesteht. Weniger problematisch ist die Bestimmung, daß der Diözesanbischof den Priesterrat auflösen kann, wenn dieser die ihm zum Wohl der Diözese übertragenen Aufgaben nicht erfüllt oder seine Rechte mißbraucht (c. 501 § 3); doch darf der Bischof diese Norm nicht einfach dazu benutzen, um sich aus Willkür eines Priesterrates zu entledigen.

Aus dem Priesterrat ist gemäß c. 502 § 1 ein *Konsultorenkollegium* zu bilden, dem bei besetzten Bischofsamt Beispruchsrechte nur im Bereich der Vermögensverwaltung zukommen (cc. 494, 1277, 1292) und bei Vakanz oder Behinderung des Bischofsamtes die vorübergehende Leitung der Diözese zufällt (cc. 419, 421); außerdem nimmt das Konsultorenkollegium bei Sedisvakanz die Aufgaben des Priesterrates wahr (c. 501 § 2). Allerdings können die Aufgaben des Konsultorenkollegiums durch einen entsprechenden Beschluß der Bischofskonferenz auch dem Kathedralkapitel (Domkapitel) übertragen werden (c. 502 § 3), wie es im deutschsprachigen Raum bereits geschehen ist.[17]

Das *Domkapitel*, das im CIC/1917 Senat und Beratungsorgan des Bischofs in der Leitung der Diözese war (c. 391 § 1), hat im CIC/1983 eine deutliche Reduktion zugunsten des Priesterrates erfahren. Unter dem Domkapitel ist nunmehr ein Kollegium von Priestern zur Wahrnehmung gottesdienstlicher Funktionen zu verstehen; darüber hinaus hat es jene Aufgaben zu erfüllen, die ihm aufgrund des allgemeinen Rechts zustehen oder vom Diözesanbischof übertragen werden (c. 503 CIC). Im Vergleich zu den anderen Beratungsorganen kommt dem Domkapitel insofern eine größere Eigenständigkeit zu, als nicht der Diözesanbischof, sondern ein Mitglied des Kapitels selbst den Vorsitz führt (c. 507 § 1).

3.3 Pastoralrat

In Anlehnung an das II. Vatikanische Konzil (CD 27,5; AG 30,2) legt c. 511 fest, daß in jeder Diözese ein Pastoralrat zu bilden ist, wenn es die seelsorglichen Verhältnisse erfordern. Dieses Beratungsorgan, das sich vor allem aus Laien, aber auch aus Klerikern und Mitgliedern aus den Lebensgemeinschaften der evangelischen Räte zusammensetzt (c. 512 § 1), soll unter der Autorität des Bischofs das pastorale Wirken in der Diözese fördern. "Der Pastoralrat ist keine Repräsentanz der Diözesanangehörigen (der Gläubigen der Diözese) im rechtlichen Sinn; gleichwohl sollen seine Mitglieder so berufen werden, daß die gesamte diözesane Gemeinschaft in ihm wirklich dargestellt wird. Dabei sind die verschiedenen diözesanen Regionen, die sozialen Verhältnisse und Berufe und der Anteil zu berücksichtigen, den die Gläubigen (als einzelne oder mit anderen zusammen, d.h. in entsprechenden Vereinen und Werken) am Apostolat haben (c. 512 § 2)."[18] Während der Priesterrat sich vor allem mit Fragen beschäftigt, die unmittelbar die Leitung der Diözese betreffen, geht es im Pastoralrat hauptsächlich um Planung und Durchführung pastoraler Vorhaben. In der rechtlichen Struktur ist der Pastoralrat allerdings dem Priesterrat vergleichbar, vor allem hinsichtlich der Einberufung und Leitung durch den Bischof sowie dem beratenden Stimmrecht.

17 Vgl. H. Schmitz, F. Kalde, Partikularnormen, 20 f.

18 H. Schmitz, Die Konsultationsorgane des Diözesanbischofs, 362.

Gemäß einem Beschluß des II. Vatikanischen Konzils (AA 26) soll in den Diözesen nach Möglichkeit ein *Diözesanrat* (= Katholikenrat oder Gläubigenrat) als Beratungsorgan zur Förderung der apostolischen Tätigkeit der Kirche und zur Koordinierung des Laienapostolats errichtet werden. Da dieses Organ im Unterschied zum Pastoralrat kein verfassungsrechtlich relevantes Gremium darstellt, hat der gesamtkirchliche Gesetzgeber hierzu keine Ausführungsbestimmungen erlassen und damit die Fragen des Vorsitzes und des beratenden bzw. entscheidenden Stimmrechtes offengelassen.

Bei der Vielzahl diözesaner Räte fällt es schwer, diese klar voneinander abzugrenzen; daher besteht die Gefahr, daß sich diese in ihrem Wirkungsbereich gegenseitig neutralisieren. Eine fruchtbare Arbeit ist nur dann möglich, wenn Priesterrat, Pastoralrat und Diözesanrat im Austausch miteinander stehen. Dabei sind drei Möglichkeiten des Zusammenspiels denkbar: drei selbständige Räte - zwei Beratungsorgane, Priesterrat und Diözesanrat, die bisweilen zu einer gemeinsamen Sitzung zusammentreten und dabei die Funktion des Pastoralrates wahrnehmen - ein einziges Beratungsorgan, nämlich der Pastoralrat, der den Priesterrat und den Diözesanrat als zwei relativ eigenständige Ausschüsse hat.[19]

4 *Stellvertretungsorgane des Bischofs*

Gemäß c. 391 hat der Bischof die ihm anvertraute Teilkirche mit gesetzgebender, ausführender und richterlicher Vollmacht zu leiten, wobei er die beiden letztgenannten Funktionen auch Stellvertretern übertragen kann. Die Stellvertretung im Bereich der ausführenden Vollmacht (Verwaltung) wird vom Generalvikar, die Stellvertretung im Bereich der Rechtsprechung durch den Gerichtsvikar (Offizial) wahrgenommen, die zusammen mit anderen Einrichtungen und Personen (Kanzler, Notar, Archivar, Ökonom) die Diözesankurie bilden (vgl. c. 469).

1. Das Amt des *Generalvikars* ist verbindlich vorgeschrieben (c. 475) und mit ordentlicher stellvertretender Vollmacht ausgestattet (c. 131 § 2). Der Generalvikar, der in jedem Fall

---

19 Vgl. H. Schmitz, Der Bischof und die vielen Räte, 323-326.

Priester sein muß (c. 478 § 1), ist insofern gänzlich vom Diözesanbischof abhängig, als er vom Bischof frei ernannt und abberufen werden kann (c. 477) und sein Amt bei Sedisvakanz erlischt. Während der Generalvikar im Bereich der Verwaltung eine umfassende Vollmacht in der ganzen Diözese innehat (vgl. c. 479 § 1), erfreut sich das vom II. Vatikanischen Konzil neu geschaffene und dem Generalvikar nachgebildete Amt des *Bischofsvikars* (CD 27,1) zwar auch einer ordentlichen stellvertretenden Vollmacht, die jedoch regional, personell oder sachlich eingeschränkt ist (cc. 476, 479 § 2). Bei den Bischofsvikaren ist zwischen bischöflichen und nichtbischöflichen Amtsinhabern zu unterscheiden, was sich bei Sedisvakanz dahingehend auswirkt, daß nur die nichtbischöflichen Bischofsvikare ihr Amt verlieren (c. 481 § 1).

2. Für den Bereich der Rechtsprechung ist das Amt des *Gerichtsvikars* oder *Offizials* verbindlich vorgeschrieben (c. 1420 § 1), dem ordentliche stellvertretende Vollmacht zukommt. Wie der Generalvikar wird auch der Offizial vom Bischof ernannt und ist jederzeit abberufbar (c. 1422); er unterscheidet sich jedoch von diesem insofern, als sein Amt bei Sedisvakanz nicht erlischt; außerdem kommt ihm gegenüber dem Bischof eine größere Eigenständigkeit zu, weil dieser "im Bereich der Rechtsprechung stets die Unabhängigkeit der richterlichen Entscheidungstätigkeit achten muß."[20] Der Gerichtsvikar steht an der Spitze des kirchlichen Gerichts, zu welchem außerdem beigeordnete Gerichtsvikare (c. 1420 § 3), Diözesanrichter (c. 1421), Kirchenanwalt (c. 1430) und Bandverteidiger (c. 1432) gehören. Während Gerichtsvikar und beigeordnete Gerichtsvikare in jedem Fall Priester sein müssen (c. 1420 § 4), kann zum Diözesanrichter auch ein Diakon bestellt werden, in Ausnahmefällen sogar ein Laie (c. 1421 §§ 1 u. 2); das Amt des Kirchenanwalts und Bandverteidigers kann Klerikern wie Laien übertragen werden.

3. In der Diözesankurie ist außerdem ein *Ökonom* zu bestellen, der unter der Autorität des Bischofs das Vermögen der Diözese verwaltet und hierüber dem Vermögensverwaltungsrat jährlich Rechenschaft abzulegen hat; dem Vermögensverwaltungsrat fällt vor allem die Aufgabe zu, einen Haushaltsplan auf-

[20] H. Müller, Die Diözesankurie, 368.

zustellen und die tatsächlichen Einnahmen und Ausgaben zu überprüfen (cc. 492-494).

5 *Die Pfarrgemeinde*

In c. 374 § 1 CIC ist die Pflicht normiert, jede Diözese in verschiedene Teile, d.h. Pfarreien aufzugliedern, die ihrerseits zur besseren Wahrnehmung der Seelsorge wiederum in verschiedener Weise miteinander verbunden werden können; in c. 374 § 2 werden ausdrücklich die Dekanate genannt (vgl. auch cc. 553-555), hierzu gehören aber auch Pfarrverbände oder Regionen innerhalb einer Teilkirche.

5.1 Strukturelle Merkmale

Obgleich das II. Vatikanische Konzil keine Definition der Pfarrei vorgenommen hat, lassen sich dennoch aus den Konzilstexten drei Leitgedanken ableiten, die für die Erneuerung der Pfarrstruktur von großer Bedeutung sind:[21]

- Die Pfarrei ist in erster Linie nicht ein organisatorisches Gebilde, sondern eine Gemeinschaft von Gläubigen ("fidelium coetus"); in ihr wird "auf eine gewisse Weise die über den ganzen Erdkreis hin verbreitete sichtbare Kirche" dargestellt (SC 42,1). Um den Gemeinschaftscharakter der Pfarrei herauszustellen, wird heute bevorzugt von Orts- bzw. Pfarr*gemeinde* gesprochen. Von der örtlichen oder pfarrlichen Gemeinschaft sagt das Konzil, "daß diese zu Recht mit jenem Namen benannt werden kann, der die Auszeichnung des einen und ganzen Gottesvolkes ist: Kirche Gottes ..." (LG 28,4; vgl. auch SC 42,2).

- Der Pfarrei steht ein Priester vor, der als Mitarbeiter des Bischofs eigentlicher Hirt ("pastor proprius") für die seiner Sorge anvertrauten Gläubigen ist (vgl. CD 30,1). Somit ist Pfarrei keine autonome, rechtlich völlig unabhängige Größe, sondern

---

[21] Vgl. L. Gerosa, Kirchliches Recht und Pastoral, 95 ff.

besteht nur dort, "wo sie sich in die Einheit mit der bischöflichen Teilkirche und – dadurch vermittelt – der vom Papst mit den Bischöfen geleiteten Universalkirche einfügt."[22]

- Die allen Gläubigen gemeinsame Teilhabe an der Sendung der Kirche muß sich vor allem auf pfarrlicher Ebene auswirken; insofern bietet die Pfarrei "ein augenscheinliches Beispiel für das gemeinschaftliche Apostolat" (AA 10,2). Daher ist die Pfarrei als solche Subjekt, Träger der kirchlichen Sendung in der Welt.

Mit diesen Leitgedanken hat das II. Vaticanum die Konzeption der Pfarrei nach dem CIC/1917 in einem erheblichen Maße korrigiert und zugleich Anstöße für die Neukodifikation gegeben. Nach dem alten Codex konnte die Pfarrei nicht als ein einheitliches Rechtssubjekt aufgefaßt werden; vielmehr wurde zumindest von zwei verschiedenen Rechtspersönlichkeiten innerhalb der Pfarrei ausgegangen, der Pfarrpfründe und der Pfarrkirchenstiftung,[23] wobei sekundäre Elemente einseitig in den Vordergrund geschoben wurden, wie z.B. territoriale Abgrenzung, Kirchengebäude, Vermögensmasse. Der CIC/1983 ist demgegenüber stärker von einer ekklesiologischen Sichtweise der Pfarrei geprägt; hiernach verdienen folgende Elemente hervorgehoben zu werden:

1. Die Pfarrei ist eine bestimmte Gemeinschaft von Gläubigen ("certa communitas christifidelium": c. 515 § 1). Hiermit dürfte der Begriff "Gemeinde" bzw. "Pfarrgemeinde" auch durch das allgemeine Kirchenrecht legitimiert sein; denn die Pfarrei ist in erster Linie nicht eine rechtlich umgrenzte Verwaltungseinheit der Diözese, sondern eine Glaubensgemeinschaft. Auch wenn das kirchliche Gesetzbuch die territoriale Abgrenzung als Regelfall vorsieht (Territorialpfarrei), ist diese nicht wesentlich für die Bestimmung der Pfarrei; sie gründet vielmehr in der Tatsache, daß es sich um eine Glaubensgemeinschaft handelt, die auch nach verschiedenen mehr personalen Gesichtspunkten zusammengefaßt werden kann (Personalpfarrei): z.B.: Rituszugehörigkeit, Sprache, Nationalität (c. 518) oder Zugehörigkeit zu einer Hochschule (c. 813). Im Unterschied zur früheren Rechtslage ist nunmehr festgelegt, daß jede

---

[22] A. Hollerbach, Gemeinde in der katholischen Kirche, 1050.

[23] Vgl. hierzu u.a. R.A. Strigl, Grundfragen der kirchlichen Ämterorganisation, 178-183; H. Hack, Die Pfarrei, 387 f.

rechtmäßig errichtete Pfarrei, ob Territorial- oder Personalpfarrei, von Rechts wegen auch juristische Person ist (c. 515 § 3); damit wird angedeutet, daß die Pfarrei eine einheitliche Wirklichkeit darstellt und eine allen Gläubigen gemeinsame Sendung in der Welt wahrzunehmen hat.

2. Eine Pfarrei wird auf Dauer innerhalb einer Teilkirche errichtet (c. 515 § 1). Dabei stellt die Pfarrei keine unabänderliche, in sich selbst abgeschlossene Größe dar, sondern ist auf die Teilkirche bzw. den Diözesanbischof verwiesen, dem das Recht zusteht, Pfarreien – nach Anhörung des Priesterrates – zu errichten, aufzuheben oder zu verändern (c. 515 § 2); die Pfarrstruktur, die für eine Teilkirche verbindlich vorgeschrieben ist, muß also den pastoralen Erfordernissen immer wieder angepaßt werden.

3. Die Seelsorge einer Pfarrei wird unter der Autorität des Diözesanbischofs einem Pfarrer als ihrem eigenen Hirten anvertraut (c. 515 § 1), wobei dem Bischof in der Regel ein freies Ernennungsrecht (gegebenenfalls nach Anhörung bestimmter Priester und Laien) zusteht (cc. 523 f.). Ein Pfarrer, der in jedem Fall Priester sein muß (c. 521 § 1), kann sein Amt also nur in Gemeinschaft mit dem Bischof und in Abhängigkeit von diesem ausüben. Gleichwohl ist das Amt des Pfarrers durch Eigenständigkeit (c. 519) und Dauerhaftigkeit (c. 522) geprägt;[24] für eine bestimmte Zeit kann ein Pfarrer nur dann ernannt werden, wenn ein entsprechendes Dekret der Bischofskonferenz[25] vorliegt.

In der begrifflichen Umschreibung der Pfarrei nach c. 515 § 1 fehlt die konziliare Aussage, daß auch die Laien Mitträger der kirchlichen Heilssendung sind. Hieraus darf allerdings nicht gefolgert werden, daß die Gläubigen lediglich das Objekt der Seelsorge bilden. Dagegen spricht schon die Tatsache, daß nunmehr die Pfarrei als einheit-

---

[24] Diese Dauerhaftigkeit hindert freilich nicht, daß ein Pfarrer, auch wenn er seine Gemeinde erfolgreich leitet, gegen seinen Willen versetzt werden kann; entsprechend der nachkonziliaren Entwicklung gibt es keine inamoviblen Pfarrer mehr. Doch darf der Bischof bei der Versetzung eines Pfarrers nicht willkürlich vorgehen; die Entscheidung muß begründet sein, und der Bischof hat ein bestimmtes Verfahren einzuhalten (vgl. cc. 1748-1752).

[25] Eine zeitliche Befristung ist auch insofern gegeben, als der Pfarrer, der das 75. Lebensjahr vollendet hat, den Amtsverzicht gegenüber dem Diözesanbischof erklären soll (c. 538 § 3).

liches Rechtssubjekt gesehen wird. Außerdem werden die Pfarrer ausdrücklich ermahnt, "den eigenen Anteil der Laien an der Sendung der Kirche anzuerkennen und zu fördern ..."; sie müssen darum bemüht sein, "daß die Gläubigen für die pfarrliche Gemeinschaft Sorge tragen, sich in gleicher Weise als Glieder sowohl der Diözese wie der Gesamtkirche fühlen und an Werken zur Förderung dieser Gemeinschaft teilhaben oder sie mittragen" (c. 529 § 2).

5.2 Die Aufgaben des Pfarrers

Im Vergleich zur Kodifikation von 1917 stellt das kirchliche Gesetzbuch von 1983 die Aufgaben des Pfarrers in einem umfassenderen und pastoral ausgerichteten Sinn dar (vgl. cc. 528-530).

Aus der Vielzahl der Einzelvorschriften sei hier besonders auf die Verpflichtung hingewiesen, für soziale Gerechtigkeit einzutreten und Menschen, die sich in Armut und Bedrängnis befinden, beizustehen. Der Pfarrer, der natürlich in seiner Pfarrei wohnen (= Residenzpflicht, c. 533) und regelmäßig für seine Gemeinde die Eucharistie feiern muß (= Applikationspflicht, c. 534), hat das Wort Gottes unverfälscht zu verkünden und dafür Sorge zu tragen, daß die Feier der Eucharistie zum Zentrum der pfarrlichen Gemeinschaft wird. Dies setzt voraus, daß er darum bemüht ist, die seiner Sorge anvertrauten Gläubigen kennenzulernen: "... er soll die Familien besuchen, an den Sorgen, den Ängsten und vor allem an der Trauer der Gläubigen Anteil nehmen und sie im Herrn stärken ...; mit hingebungsvoller Liebe soll er den Kranken, vor allem den Sterbenden zur Seite stehen ..." (c. 529 § 1).

Die vielfältigen Aufgaben können freilich nicht isoliert oder in einem individualistischen Sinn wahrgenommen werden. Der Pfarrer ist eingebunden in das Presbyterium der Diözese, dem der Bischof vorsteht (vgl. c. 529 § 2), sowie in die Gemeinschaft der Gläubigen, für die er als eigener Hirt besondere Verantwortung trägt. Er ist auf die Unterstützung durch andere Priester, Diakone und Laien angewiesen und muß bereit sein, mit diesen zusammenzuarbeiten (c. 519). Insbesondere ist hier an Pfarrvikare/Kapläne (c. 545), an Ständige Diakone und Laien im ehrenamtlichen oder hauptberuflichen Dienst, an Mitglieder in den pfarrlichen Beratungsorganen, Katecheten, -innen, Gemeinde- und Pastoralreferenten und -innen zu denken.

5.3 Formen der Gemeindeleitung

Damit die Aufgaben eines Pfarrers entsprechend den Erfordernissen der heutigen Zeit besser wahrgenommen werden können, sieht das kirchliche Gesetzbuch verschiedene Formen der Gemeindeleitung vor:

1. Als Regelform gilt die Leitung *einer* Pfarrei durch *einen* Pfarrer; "wegen Priestermangels oder anderer Umstände aber kann die Sorge für mehrere benachbarte Pfarreien demselben Pfarrer anvertraut werden" (c. 526 § 1). Um in diesem Fall eine Überforderung des Pfarrers zu verhindern, sollte in großzügiger Weise auf die Möglichkeit der Mitarbeit von Diakonen und Laien zurückgegriffen werden; hierdurch könnten Pfarreien zu größeren Seelsorgseinheiten, etwa zu Pfarrverbänden, zusammenwachsen, ohne ihre Eigenständigkeit zu verlieren.

2. Die Seelsorge für eine Pfarrei oder für verschiedene Pfarreien kann nach c. 517 § 1 – wenn die Umstände es erfordern – auch einem Priesterteam anvertraut werden.[26] Voraussetzung hierfür ist, daß ein Priester des Teams zum Leiter (Moderator) des seelsorglichen Wirkens ernannt wird; er hat die Zusammenarbeit zu leiten und dem Bischof gegenüber zu verantworten. Das Priesterteam stellt allerdings keine juristische Person dar; einer juristischen Person kann – entgegen c. 451 § 1 CIC/1917 – die Pfarrseelsorge überhaupt nicht anvertraut werden (c. 520 § 1). Einzelne Priester übernehmen vielmehr gemeinsam ("in solidum") den pastoralen Dienst in einer Pfarrei oder in verschiedenen Pfarreien; einer steht für alle. Jeder einzelne hat – unter der Leitung des Moderators und gemäß der vom Team erstellten Ordnung – die Aufgaben eines Pfarrers wahrzunehmen, wozu u.a. auch die Befugnis zur Eheassistenz gehört (c. 543 § 1).[27]

   Gegen die Schaffung einer Teampfarrei wird mit dem Hinweis argumentiert, daß dadurch der personale Bezug zwischen den Gläubigen und dem Vorsteher einer Gemeinde verlorengehe. Die Gemeinde sehe sich einem anonymen Gruppenpfarrer (Priesterteam) gegenübergestellt.[28] Doch ist diese Konsequenz

---

[26] Zu den geschichtlichen Hintergründen dieser Regelung vgl. P. Schappert, Solidarische Pfarrseelsorge, 25-125.

[27] Vgl. H. Schwendenwein, Das neue Kirchenrecht, 232.

[28] Vgl. hierzu H. Schmitz, Pfarrei und Gemeinde, 66 f.

keineswegs zwangsläufig, wenn eine Moderation und Absprache innerhalb des Priesterteams erfolgt; die Gläubigen sehen sich nicht einem anonymen Gruppenpfarrer gegenübergestellt, wenn jeder Priester des Teams die Seelsorge gemäß der festgelegten Ordnung wahrnimmt. Außerdem zielt das kirchliche Gesetzbuch nicht darauf hin, die Regelform, d.h. die Übertragung der Pfarrseelsorge an einen Pfarrer als Einzelperson, abzuschaffen; es ist die in c. 517 § 1 enthaltene Einschränkung zu beachten: "wo die Umstände es erfordern ... ". Positiv ist auf jeden Fall, daß das Gesetzbuch mit der Teampfarrei eine Entwicklung neuer pastoraler Strukturformen auf Pfarrebene ermöglicht. Die Erfahrung wird zeigen müssen, ob und in welchen Bereichen eine Teampfarrei sich zu bewähren vermag.

3. An der Ausübung der Pfarrseelsorge kann nach c. 517 § 2 – wenn die Ernennung eines Pfarrers wegen Priestermangels nicht möglich ist – auch ein Diakon oder Laie oder eine Personengemeinschaft beteiligt werden. Auch hier gilt als Bedingung, daß ein Priester bestimmt wird, der die Seelsorge leitet ("moderiert"). Dieser ist nicht Pfarrer, aber mit den Vollmachten und Befugnissen eines Pfarrers ausgestattet. Seine Aufgabe besteht vor allem in der Moderation der Pfarrseelsorge; darüber hinaus muß er aber, soweit dies möglich ist, unmittelbar seelsorgliche Aufgaben wahrnehmen, insbesondere jene, die die Priesterweihe voraussetzen. Insofern der Moderator nach c. 517 § 2 alle pfarrlichen Rechte innehat, ist er gegenüber den Diakonen und Laien, die mit seelsorglichen Aufgaben betraut werden, rechtlich stärker herausgestellt als der Moderator nach c. 517 § 1 gegenüber dem Priesterteam. Deshalb kann man auch nicht sagen, daß den Diakonen und Laien nach c. 517 § 2 die "Gemeindeleitung" übertragen wird; sie sind nicht Pfarrer, was schon daraus hervorgeht, daß nur ein Priester nach c. 521 § 1 zum Pfarrer ernannt werden kann. Dies unterstreicht, daß die in c. 517 § 2 vorgesehene Regelung nur eine Notlösung, eine Ausnahmeregelung darstellt, auf die in der Praxis wegen Priestermangels zurückgegriffen werden kann; zuständig für die konkrete Umsetzung ist allein der Diözesanbischof.

Schließlich kennt der CIC noch die "Quasipfarrei", die eine Ersatzform für die Pfarrei darstellt und dieser rechtlich gleichgestellt ist;

dabei handelt es sich um eine bestimmte Gemeinschaft von Gläubigen, die einem Priester als eigenem Hirten anvertraut ist, wegen besonderer Umstände aber noch nicht als Pfarrei errichtet werden kann (c. 516 § 1). Wenn jedoch Gläubige in bestimmten Situationen oder Einrichtungen (z.B. Altenheime, Krankenhäuser, Strafvollzugsanstalten) durch die Pfarrseelsorge nicht ohne weiteres erreicht werden können, ist für ihre pastorale Betreuung auf andere Weise Vorsorge zu treffen (vgl. c. 516 § 2); dies wird in der Regel dadurch geschehen, daß einem Priester gemäß c. 564 die Seelsorge für die betreffende Gemeinschaft oder für den besonderen Kreis von Gläubigen anvertraut wird.

5.4 Organe der Mitverantwortung

Auf Pfarrebene sind zwei Ratsgremien vorgesehen, in denen die Gläubigen bei der Förderung der Seelsorgstätigkeit bzw. bei der Verwaltung des Kirchenvermögens mitwirken: der Pastoralrat, im deutschsprachigen Raum auch Pfarrgemeinderat genannt, und der Vermögensverwaltungsrat.

1. Für den *Pastoralrat* auf Pfarrebene (c. 536), der auf das Bischofsdekret des II. Vatikanischen Konzils (CD 27) und nachkonziliare Ausführungsbestimmungen zurückgeht,[29] sind einige strukturelle Merkmale hervorzuheben: Der Pfarrer steht dem Pastoralrat vor, dem nur ein beratendes Stimmrecht zukommt. Mitglieder des Pastoralrates sind diejenigen, die kraft Amtes an der Seelsorge in einer Pfarrei beteiligt sind, und andere Gläubige. Diese allgemeinen Bestimmungen sind durch diözesanes Recht zu konkretisieren. Dabei fällt auf, daß der Pastoralrat nach universalem Kirchenrecht nicht verbindlich vorgeschrieben ist; wenn er aber für den Bereich einer Teilkirche als zweckmäßig erachtet wird, muß er – wegen der Einheitlichkeit einer Teilkirche – in *jeder* Pfarrei eingeführt werden.

   Man kann wohl nicht bestreiten, daß die in c. 536 enthaltenen Aussagen über den Pastoralrat einen Fortschritt für die Gesamtkirche bedeuten; doch stehen sie in Spannung – vielleicht sogar in einem Gegensatz – zu entsprechenden Rege-

[29] Hierauf weisen die Quellenangaben zu c. 536 ausdrücklich hin, obgleich in CD 27 unmittelbar nur ein Pastoralrat auf diözesaner Ebene vorgesehen ist; vgl. hierzu Codex Iuris Canonici. Fontium annotatione, 152.

lungen im deutschsprachigen Raum, die gemäß einer 1975 beschlossenen Rahmenordnung für die Bistümer in der Bundesrepublik Deutschland[30] die Einrichtung von Pfarrgemeinderäten verbindlich vorschreiben. In den Statuten der einzelnen Diözesen zur Ordnung der Pfarrgemeinderäte ist zumeist vorgesehen oder ermöglicht, daß ein Laie dem Pfarrgemeinderat vorsteht; außerdem wird dem Pfarrgemeinderat in verschiedenen Bereichen auch ein entscheidendes Stimmrecht zuerkannt.

Um die Spannung bzw. den Gegensatz zwischen dem Pastoralrat nach c. 536 und dem Pfarrgemeinderat im deutschsprachigen Raum zu beheben, sind folgende Lösungsvorschläge gemacht worden:

- Es wird davon ausgegangen, daß partikulare Gesetze, die den Vorschriften des Codex zuwiderlaufen, gemäß c. 6 § 1 n. 2 CIC aufgehoben sind. Die Statuten der Pfarrgemeinderäte sind deshalb dem Codex anzugleichen. Unabhängig von dieser Angleichung, so wird weiter argumentiert, ist aber schon durch Inkrafttreten des CIC/1983 der Pfarrer Vorsitzender des Pfarrgemeinderates, dem allein ein beratendes Stimmrecht zukommt, also kein Entscheidungsrecht.[31] Wollte man die Rechtslage in den Diözesen der deutschen Bischofskonferenz beibehalten, müßte ein entsprechendes Sondergesetz des Apostolischen Stuhles angestrebt werden.
- Andererseits wird darauf hingewiesen, daß der Pfarrgemeinderat auch als ein Organ zur Förderung und Vereinheitlichung des Laienapostolates zu verstehen sei und sich daher nicht nur auf CD 27,5 stütze, sondern auch auf das Laiendekret des Konzils (AA 26), worin entsprechende Ratsgremien auf Pfarrebene empfohlen werden. Hiernach stellt der Pfarrgemeinderat im deutschsprachigen Raum gegenüber dem Pastoralrat nach c. 536 "insofern ein aliud dar, als er auf Pfarrebene die Funktion eines Gremiums des Laienapostolates und zugleich diejenige eines Pastoralrates wahrnimmt ... Dies spricht dafür, die betreffenden Regelungen als Partikularrecht zu qualifizieren, das gemäß c. 6 § 1 n. 2 CIC in seiner Geltung

---

[30] Vgl. Gemeinsame Synode, 659-664.

[31] In diesem Sinn K.-Th. Geringer, Die deutschen Pfarrgemeinderäte als verfassungsrechtliches Problem, 50-57.

aufrecht erhalten wurde, so daß die 'bewährte Praxis' ... fortgesetzt werden kann."[32] Mag die Berufung auf c. 6 § 1 n. 2 auch unzutreffend sein, weil hinsichtlich des Pfarrgemeinderates nicht die Bedingung erfüllt ist, daß für ein den CIC zuwiderlaufendes partikulares Gesetz ausdrücklich etwas anderes vorgesehen sein muß, so weist dieser Lösungsvorschlag doch schon auf eine weitere Interpretationsmöglichkeit hin.

- Sicherlich umgreift der Pfarrgemeinderat die Aufgaben des Pastoralrates nach c. 536, geht aber über diese hinaus. Eine Änderung der für die Pfarrgemeinderäte geltenden Statuten ist nicht erforderlich, weil den besonderen Anforderungen des c. 536 schon jetzt hinreichend Rechnung getragen wird. Denn der Pfarrer ist nach den geltenden Statuten, auch wenn ein Laie den Vorsitz führt, gleichsam der "verdeckte Vorsitzende" des Pfarrgemeinderates, insofern ihm eine besondere Verantwortung für die Einheit der Gemeinde, für die Verkündigung des Wortes und die Feier der Sakramente zuerkannt wird; außerdem kommt ihm ein weitreichendes Vetorecht gegen Beschlüsse des Pfarrgemeinderates zu, so daß in pastoralen Angelegenheiten eigentlich nur ein beratendes Stimmrecht des Pfarrgemeinderates gegeben ist.[33]

Für die Richtigkeit der dritten Position spricht die Tatsache, daß in den Statuten der Pfarrgemeinderäte hinsichtlich der umstrittenen Punkte bislang keine Änderungen vorgenommen wurden. Selbst in den Statuten, die nach Inkrafttreten des CIC/1983 in revidierter Form erschienen sind, hat die Frage des Vorsitzes bzw. des Stimmrechtes keine Änderung erfahren.[34] Es wird davon ausgegangen, daß sich die geltenden Regelungen über einen längeren Zeitraum bewährt haben und deshalb nicht abgeändert werden sollten. In der Regel konnte ein fruchtbares Miteinander von Pfarrer und Pfarrgemeinderat verwirklicht werden. So heißt es z.B. in der Satzung der Pfarrgemeinderäte im Bistum Berlin vom 10.10.1990:[35] "Den Pfarrgemeinderat leitet ein Vorstand, der aus der/dem Vorsitzen-

---

32 A. Hollerbach, Gemeinde in der katholischen Kirche, 1052.

33 Vgl. hierzu J. Lederer, Pfarrgemeinderat und Pfarrverwaltungsrat, 428.

34 Vgl. P. Krämer, Bischofsamt und synodale Verfassung, 81 f. mit Anm. 25.

35 ABl Berlin 62 (1990), 117-119; AfkKR 159 (1990), 528-534.

den, zwei Stellvertreterinnen/Stellvertretern und dem Pfarrer besteht. Die/der Vorsitzende und seine Stellvertreter/innen werden vom Pfarrgemeinderat in der konstituierenden Sitzung gewählt" (§ 10). Und bezüglich der beratenden bzw. beschließenden Funktion des Pfarrgemeinderates wird die besondere Verantwortung herausgestellt, die dem Pfarrer als dem vom Bischof entsandten Seelsorger und Leiter der Gemeinde in pastoralen Fragen zukommt (vgl. § 3). In § 12 n. 4 ist schließlich explizit festgesetzt: "Erklärt der Pfarrer förmlich aufgrund der durch sein Amt gegebenen pastoralen Verantwortung und unter Angabe der Gründe, daß er gegen einen Beschluß stimmen muß, so ist in dieser Sitzung eine Beschlußfassung nicht möglich. Die anstehende Frage ist im Pfarrgemeinderat in angemessener Frist erneut zu beraten. Kommt auch hier eine Einigung nicht zustande, kann der Bischof angerufen werden."

Die strittigen Fragen könnten behoben werden, wenn c. 536 dahingehend abgeändert wird, daß die bisher nur beratende Funktion des Pastoralrates zu einem Entscheidungsrecht aufgewertet wird. Dadurch würde die Pfarrei insgesamt als einheitliches Rechts-Subjekt deutlicher werden und nicht in einem Gegenüber von Pfarrer und Gemeinde, vertreten durch den Pastoralrat, erscheinen; die Sonderstellung des Pfarrers würde dadurch gewahrt, daß die Beschlüsse des Pastoralrates nur dann Rechtskraft erhielten, wenn der Pfarrer zustimmt (vgl. c. 115 § 2).[36]

2. Ein *Vermögensverwaltungsrat* ist nach c. 537 für jede Pfarrei verbindlich vorgeschrieben. Als juristische Person ist die Pfarrei (staatskirchenrechtlich die Kirchengemeinde) Träger von Kirchenvermögen, für dessen Verwaltung der Pfarrer verantwortlich ist (cc. 532, 1281-1288); dieser wird hierbei durch den Vermögensverwaltungsrat (Kirchenvorstand, Kirchenverwaltung) unterstützt. Ansonsten legt das allgemeine Kirchenrecht Struktur und Tätigwerden eines solchen Vermögensverwaltungsrates nicht fest; die nähere Ausgestaltung bleibt dem partikularen Recht überlassen. Allerdings stehen teilkirchliche Regelungen nicht selten in Widerspruch zu c. 532, der festlegt, daß eine Pfarrei in allen Rechtsangelegenheiten allein durch den Pfarrer vertreten wird. Wo dem Vermögensverwaltungs-

[36] So F. Coccopalmerio, De paroecia, 165-168, 174.

rat aufgrund des Konkordatsrechtes oder durch partikulare Gesetze weitreichendere Kompetenzen (Vertretungsrecht, Verbindlichkeit der Beschlüsse) übertragen wurden, bleiben diese gemäß c. 3 (Vorbehalt zugunsten des Konkordatsrechts) bzw. aufgrund eines Indults des Apostolischen Stuhles vom 5.4.1984 in Kraft.[37]

Der Vermögensverwaltungsrat unterscheidet sich in Struktur, Zusammensetzung und Aufgabenstellung deutlich vom Pfarrgemeinderat. Er hat es allein mit der Verwaltung des Kirchenvermögens zu tun, darf sich daher nicht unmittelbar in die pastoralen Aufgaben und Planungen des Pfarrers oder Pfarrgemeinderates einmischen. Gleichwohl ist eine Verschränkung zwischen beiden Gremien möglich und sinnvoll. So entscheidet der Vermögensverwaltungsrat "unter Berücksichtigung der pastoralen Richtlinien des Pfarrgemeinderates. Der stellvertretende Vorsitzende des für die Vermögensverwaltung zuständigen Gremiums ist amtliches Mitglied des Pfarrgemeinderates, ein Vertreter des Pfarrgemeinderates ... nimmt an den Sitzungen des Gremiums für die Vermögensverwaltung teil."[38]

5.5 Erneuerung der Pfarrstruktur

Nicht selten wird die Ansicht vertreten, die Pfarrstruktur sei überholt oder zum Verschwinden verurteilt; an ihre Stelle müßten andere, flexiblere Strukturformen treten, die kleineren Gemeinschaften und freiwilligen Zusammenschlüssen der Gläubigen einen größeren Entfaltungsraum zuwiesen. Papst Johannes Paul II. und die Bischofssynode 1987 haben sich eindringlich mit dieser Ansicht im Zusammenhang mit der Berufung und Sendung der Laien in Kirche und Welt auseinandergesetzt.[39] Wie Johannes Paul II. hervorhebt, sollte die Pfarrstruktur nicht abgeschafft werden, es sollten aber die

---

37 Vgl. z.B. ABl Osnabrück 1984, S. 46.

38 Gemeinsame Synode, Beschluß: Räte und Verbände (Anordnung 1.16.3), S. 663.

39 Vgl. z.B. Papst Johannes Paul II., Nachsynodales Apostolisches Schreiben "Christifideles laici" vom 30.10.1988, in: AAS 81 (1989), 393-521; dt. Ausgabe in: Verlautbarungen des Apostolischen Stuhls, Heft 87, hier: Nr. 26 u. 27, S. 40-43; ders., Apostolisches Schreiben "Catechesi Tradendae" über die Katechese in unserer Zeit vom 16.10.1979, in: AAS 71 (1979), 1277-1340; dt. Ausgabe in: Verlautbarungen des Apostolischen Stuhls, Heft 12, hier: Nr. 67, S. 58 f.

Bemühungen verstärkt werden, der Pfarrei "angemessenere Strukturen" und einen "neuen Elan" zu geben.[40] Die "communio" der Kirche findet ihren unmittelbaren und greifbaren Ausdruck in der Pfarrei; sie ist geeignet, die Menschen – unabhängig von persönlicher Neigung, von Stand und Stellung – zu erreichen und in den Glauben und das Leben der Kirche einzuführen. Nach der Bischofssynode 1987 "müssen die jeweiligen örtlichen Autoritäten dafür Sorge tragen, daß: a) die Pfarrstrukturen den Situationen mit der großen Flexibilität, die das Kirchenrecht vor allem durch die Förderung der Teilhabe der Laien an der pastoralen Verantwortung gewährt, angepaßt werden; b) die kleinen Basisgemeinschaften, auch lebendige Gemeinden genannt, in denen die Gläubigen einander das Wort Gottes verkündigen und im Dienst und in der Liebe tätig werden können, wachsen. Diese Gemeinden sind in Gemeinschaft mit ihren Hirten wahre Konkretisierungen der kirchlichen communio und Zentren der Evangelisierung ...".[41]

In der Tat bietet das Kirchenrecht eine hinreichende Offenheit, um diese Reformvorschläge (stärkere Beteiligung der Laien am pastoralen Dienst, Anerkennung und Förderung von Basisgemeinschaften) zu verwirklichen. Es ist nicht zu bestreiten, daß die Pfarrei eine unterschiedliche Rechtsgestalt annehmen kann und im Lauf der Geschichte auch angenommen hat.[42] Deshalb kann man auch nicht sagen, daß die Pfarrstruktur unmittelbar im göttlichen Recht verankert und insofern unverzichtbar ist. Die Pfarrei stellt nur eine der möglichen Rechtsformen dar, um eine christliche Gemeinde aufzuerbauen, die ihre Wurzel und ihren Angelpunkt in der Feier der Eucharistie hat (vgl. PO 6,5). Insofern die Pfarrei aber eine "eucharistische Gemeinschaft" darstellt, gründet sie in einer "theologischen Gegebenheit", die für das Leben der Kirche konstitutiv ist. "Dies bedeutet, daß sie als Gemeinschaft befähigt ist, Eucharistie zu feiern, in der sie die lebendigen Wurzeln ihres Wachstums sowie das sakramentale Band ihrer communio mit der gesamten Kirche findet."[43] In der Pfarrei ist die Befähigung zur Feier der Eucharistie in institutionalisierter Form gegeben, weil in ihr eine bestimmte Gemeinschaft von Gläubigen einem Pfarrer zugeordnet ist, der den

[40] Catechesi Tradendae, Nr. 67.

[41] Christifideles laici, Nr. 26 mit Anm. 99 (Propositio 11 der Bischofssynode 1987).

[42] Vgl. A. Longhitano, La parrocchia fra storia, teologia e diritto, 5-27.

[43] Christifideles laici, Nr. 26.

Ortsbischof vertritt und damit die Einheit mit der gesamten Teilkirche darstellt.

Neben der institutionalisierten Form der Eucharistiegemeinschaft, die in einer Pfarrei gegeben ist, sind aber auch andere Formen der Präsenz und Wirksamkeit der Kirche notwendig, um die christliche Botschaft in die verschiedenen Lebenssituationen hineinzutragen. Die Pfarrstruktur darf also nicht ausschließlich gesehen werden; sie muß ergänzt und bereichert werden durch freiwillige Initiativen der Gläubigen, durch das Apostolat kirchlicher Vereine und Bewegungen. "Die Teilhabe der Pfarrei an der Sendung der Kirche in der Welt verwirklicht sich in vollkommener Weise nur, wenn sie nicht in Opposition, sondern in gegenseitiger Ergänzung und Kooperation mit der Teilhabe anderer Gemeinschaften steht, z.B. solcher, die einen charismatischen Ursprung haben."[44]

Vom biblischen Sprachgebrauch her (vgl. z.B. Apg 13,16 ff., Hebr 11,9 f.; 13,14; 1 Petr 1,17; 2,11) verweist Pfarrei (paroikia, paroikeo) auf die Bedeutung: in der Fremde leben, an einem Ort ohne Bürgerrecht wohnen, Pilger sein. Diese eschatologische Hoffnung kann die Pfarrei nur dann wachhalten, wenn sie sich nicht nur als eine rechtlich abgegrenzte Verwaltungseinheit versteht, sondern als "Kirche mitten unter den Häusern der Menschen", die in ihrer Präsenz und Wirksamkeit tief in der menschlichen Gesellschaft eingewurzelt und aufs engste mit den Hoffnungen und Nöten der Menschen solidarisch ist.[45]

---

[44] L. Gerosa, Kirchliches Recht und Pastoral, 105; vgl. ders., Charisma und Recht, 256-259.

[45] Christifideles laici, Nr. 27.

Teil III
Gesamtkirche

1 Papst und Bischofskollegium

Bei den für die Gesamtkirche[1] relevanten Strukturen beginnt das kirchliche Gesetzbuch unmittelbar mit den Trägern der höchsten Gewalt: Papst und Bischofskollegium. Gesetzessystematisch fehlt also eine ekklesiologische Einbindung, wie sie im Hinblick auf das Bischofsamt durchaus gegeben ist (vgl. c. 369). Das Verhältnis der Gesamtkirche zur Ortskirche wird nicht thematisiert; die ekklesiologische Kurzformel des II. Vatikanischen Konzils, daß die Gesamtkirche in und aus den vielen Ortskirchen besteht (LG 23,2), gewinnt keine gestaltende Kraft.

1.1 Die rechtliche Stellung des Papstes

Die vom I. Vatikanischen Konzil formulierte Lehre über den Primat und das unfehlbare Lehramt des Papstes[2] hat das II. Vatikanische Konzil ganz selbstverständlich übernommen, zugleich aber auch durch die Lehre vom Bischofskollegium ergänzt und vertieft (LG 18,2). Auf diesem Hintergrund entfaltet das kirchliche Gesetzbuch seine Lehre über das Papstamt.

1.1.1 Ursprung und Umfang der päpstlichen Vollmacht

Der Papst steht in der Nachfolge des Petrusdienstes. Er wird als "Stellvertreter Christi und Hirt der Gesamtkirche" bezeichnet, als "Haupt des Bischofskollegiums" (c. 331), wobei es von ihm selbst abhängt, ob er – entsprechend den Erfordernissen der Kirche – persönlich oder in kollegialer Weise handelt (c. 333 § 2).

---

[1] Vor allem mit der Wendung "Ecclesia universa" (z.B. cc. 209 § 2, 331, 336, 392 § 1, 529 § 2) bezeichnet das kirchliche Gesetzbuch die Gesamtkirche, also auch die katholisch-orientalischen Kirchen, obgleich sich die Rechtsnormen ansonsten gemäß c. 1 CIC nur auf den lateinischen Rechtskreis beziehen.

[2] Siehe hierzu P. Krämer, Kirchenrecht I, 40.

Diese Aussagen gehen auf das II. Vatikanische Konzil zurück;[3] das gilt auch für die Charakterisierung der päpstlichen Vollmacht, die in c. 331 in sehr dichter und gedrängter Weise erfolgt. Es handelt sich um eine "ordentliche Vollmacht", die der Papst "aufgrund seines Amtes"[4] innehat und die "er immer frei ausüben kann". Mit vier weiteren Attributen wird diese Vollmacht noch näher bestimmt. Der Papst verfügt in der Kirche über:

1. Höchstgewalt; es gibt keine geistliche Vollmacht in der Kirche, die über dem Papst steht.
2. Vollgewalt; die päpstliche Leitungsvollmacht ist nicht nur auf einen bestimmten Sektor der kirchlichen Sendung zu beziehen, sondern auf alle Bereiche in Gesetzgebung, Rechtssprechung und Verwaltung.
3. unmittelbare Gewalt; der Papst ist in der Ausübung seiner Vollmacht nicht an rechtliche Zwischeninstanzen gebunden.
4. universale Gewalt; der Papst hat einen Vorrang ordentlicher Gewalt im Hinblick auf die Gesamtkirche und in dieser zugleich über alle Teilkirchen und teilkirchlichen Verbände.

Aus diesen Attributen der päpstlichen Vollmacht zieht das Gesetzbuch selbst einige Folgerungen: Der Papst kann in der Kirche von niemandem vor Gericht gestellt werden (c. 1404). "Gegen ein Urteil oder ein Dekret des Papstes gibt es weder Berufung noch Beschwerde" (c. 333 § 3); außerdem soll "derjenige, der sich gegen eine Maßnahme des Papstes an ein Ökumenisches Konzil oder das Bischofskollegium wendet, mit einer Beugestrafe belegt werden" (c. 1372).

So klar und eindeutig diese Bestimmungen sind, werfen sie doch auch einige Fragen auf: Kann der Papst aufgrund der ihm übertragenen Vollmacht, die unbegrenzt zu sein scheint, die Kirche nach Belieben verändern? Kann er aus der Kirche eine einzige große Weltdiözese machen, an deren Spitze allein der Papst steht? Wie verhält sich die Unmittelbarkeit der päpstlichen Vollmacht, die sich nach c. 333 § 1

[3] Vgl. LG 22,2; NE 3; 4,1.

[4] Weil die Worte "ordentliche Vollmacht" und "aufgrund seines Amtes" deckungsgleich sind, fehlt die erste Kennzeichnung im entsprechenden Konzilstext (vgl. LG 22,2).

auf die Gesamtkirche und alle Teilkirchen bezieht, zu der Unmittelbarkeit der bischöflichen Vollmacht? Bei der Beantwortung dieser Fragen sind folgende Aspekte zu bedenken:

- Die Unmittelbarkeit der päpstlichen Vollmacht kann und darf nicht absolut gesetzt werden, sondern ist in die verfassungsrechtliche Struktur der Kirche eingebunden. Nicht nur das Papstamt, sondern auch das Amt des Bischofs als des Vorstehers einer Partikularkirche ist im göttlichen Recht verankert; dies hat schon Pius IX. im Hinblick auf eine Auseinandersetzung zwischen dem Reichskanzler Otto von Bismarck und den deutschen Bischöfen anerkannt.[5] Daß die Kirche in und aus den vielen Partikularkirchen besteht, ist ein die Kirchenverfassung prägendes und ihr vorgegebenes Prinzip, das vom II. Vatikanischen Konzil eindrucksvoll erhellt (LG 23,1) und vom CIC/1983, wenn auch gesetzessystematisch in nicht zufriedenstellender Weise, übernommen wurde (c. 368).

- Gleichwohl hat es das kirchliche Gesetzbuch versäumt, die päpstliche Vollmacht gegenüber der bischöflichen Vollmacht klarer zu bestimmen.[6] Es wird lediglich betont, daß der Vorrang, der dem Papst zukommt, darauf abzielt, die Eigenständigkeit und Unmittelbarkeit der bischöflichen Vollmacht zu stärken und zu schützen (c. 333 § 1). Der Papst darf nicht willkürlich in die Zuständigkeit des Bischofs, der einer Teilkirche vorsteht, eingreifen. Vielmehr liegt der Sinn der päpstlichen Vollmacht darin, dann korrigierend einzugreifen, wenn der Bischof in der Ausübung seiner Aufgaben behindert ist oder versagt.

- Die Spannung, die zwischen der päpstlichen und bischöflichen Vollmacht, zwischen Universalkirche und Partikularkirche besteht, muß durch "ein überrechtliches Prinzip", durch "die Macht des Geistes" ausgehalten werden.[7] In diesem Sinn spricht das II. Vatikanische Konzil von der Kirche, "deren organisierte Struktur und Eintracht der Heilige Geist immerfort stärkt" (LG 22,2), und fügt hinzu: "Dabei bewahrt der Heilige Geist

---

5 DS/DH 3112-3117.

6 Eine solche Abgrenzung ist verschiedentlich von K. Mörsdorf gefordert worden (Lehrbuch des Kirchenrechts, Bd. I, 345 f.; vgl. auch ders., Die Rolle des Ortsbischofs, 302-308).

7 H. Müller, Die Stellung des Diözesanbischofs, 106.

die von Christus dem Herrn in der Kirche gesetzte Form der Leitung ohne Minderung." (LG 27,2). Solche Aussagen können verstehen helfen, daß nicht jeder Konflikt in der Kirche durch menschliche Regelungen zu lösen ist; ebenso tragen sie dazu bei, eine gewisse Gelassenheit zu bewahren und selbstkritisch gegenüber eigenen Entwürfen zu bleiben. Gleichwohl dürfen sie den Christen nicht dazu verleiten, sich der kritischen Prüfung anstehender Probleme zu entziehen.

Im Vergleich zur früheren Rechtslage fällt auf, daß das Gesetzbuch die päpstliche Vollmacht nicht mehr ausdrücklich als eine "wahrhaft bischöfliche" Vollmacht[8] bezeichnet. Doch wird dieses Merkmal keineswegs geleugnet. Es klingt zum einen in der Tatsache an, daß die Bischofsweihe unerläßliche Voraussetzung für die Übernahme des Papstamtes ist: Wird ein Nichtbischof zum Papst gewählt, muß er unverzüglich die Bischofsweihe empfangen (c. 332 § 1); vor dieser Weihe hat er das Papstamt noch gar nicht inne. Zum anderen kann das Papstamt nicht losgelöst von den Teilkirchen existieren, sondern ist an eine bestimmte Teilkirche gebunden (c. 331). Als Bischof, als Vorsteher einer bestimmten Teilkirche, hat der Papst zugleich eine gesamtkirchliche Funktion. Diese Bindung der gesamtkirchlichen Funktion an eine Teilkirche ist keine zufällige oder gar mißlungene Konstruktion, sondern letzte Konsequenz aus der Lehre, daß die Kirche in und aus den vielen Teilkirchen besteht.

Gewiß wurde der Umfang der päpstlichen Vollmacht im Lauf der Geschichte angereichert und ist entsprechend den jeweiligen Zeiterfordernissen variabel. Eine Konzentration auf das Wesentliche, auf die einheitsstiftende Funktion des Petrusdienstes ist erforderlich. In diesem ist, wie das II. Vatikanische Konzil sagt, "ein immerwährendes und sichtbares Prinzip und Fundament der Glaubenseinheit und der Gemeinschaft" gegeben (LG 18,2; vgl. 23,1). Die einheitsstiftende Funktion des Petrusdienstes zielt vor allem darauf, daß der Episkopat selbst einer und ungeteilt ist und die vielen Ortskirchen in Gemeinschaft untereinander verbunden bleiben. Im ökumenischen Dialog ist zunehmend die Bereitschaft erkennbar, die einheitsstiftende Funktion des Petrusdienstes anzuerkennen, auch wenn die Begründung für einen solchen Dienst noch recht unterschiedlich ausfällt.[9] Um so bedauerlicher ist es, daß der CIC/1983 die entsprechenden Konzilsaussagen nicht aufgenommen hat; daher kommt in

---

8 So nach c. 218 § 2 CIC/1917: "vere episcopalis".

9 Vgl. H.J. Urban, Die Problematik des Amtes, 136-144.

diesem Gesetzbuch der Dienst an der Einheit der Kirche als die entscheidende Funktion des Papstamtes nicht hinreichend in den Blick. Allenfalls klingt diese Funktion darin an, daß sich der Papst wichtige Angelegenheiten vorbehalten kann (c. 381 § 1),[10] die wegen ihrer Bedeutung eine gesamtkirchliche Regelung als notwendig oder wünschenswert erscheinen lassen. Dabei darf sich ein solcher Vorbehalt (von Rechts wegen oder aufgrund einer Anordnung des Papstes) tatsächlich nur auf wichtige Angelegenheiten beziehen, weil andernfalls die Eigenverantwortung der Ortskirchen bzw. die Eigenständigkeit der Ortsbischöfe ausgehöhlt wird. Insoweit dies gelingt, kann das Papstamt als Mittel – als sakramental wirksames Zeichen, nicht aber als Hindernis – auf dem Weg der ökumenischen Verständigung deutlich werden.

1.1.2 Die Papstwahl

Die Wahl des Papstes als des Bischofs von Rom ist im Lauf der Geschichte recht unterschiedlich erfolgt:[11] Wahl durch Klerus und Volk von Rom, Einmischung weltlicher Herrscher, Erweiterung des Wählerkreises auf die Rom benachbarten Bischöfe (Bischöfe der suburbikarischen Diözesen). Von 1179 an besitzt das Kardinalskollegium das ausschließliche Recht der Papstwahl, die seit 1274 im Konklave (= verschlossener Raum) durchgeführt wird, um jegliche Art von Einflußnahmen fernzuhalten.

Notwendig wird eine Papstwahl bei Vakantwerden des Apostolischen Stuhles, was in der Regel durch den Tod, gelegentlich aber auch durch den Amtsverzicht des Stelleninhabers geschieht (vgl. c. 332 § 2). Uneinigkeit besteht seit dem Spätmittelalter in der Frage, ob der Apostolische Stuhl auch dadurch frei werden kann, daß sich der Papst vom Glauben der Kirche trennt und zum Häretiker wird. In der kanonistischen Literatur ist grundsätzlich an der Möglichkeit eines häretischen Papstes ("papa haereticus") festgehalten worden:[12]

---

[10] Der Tatsache, daß sich der Papst wichtige Angelegenheiten vorbehalten kann, entspricht umgekehrt das Recht eines Gläubigen, seine Angelegenheiten (in Streit- oder Strafsachen) unmittelbar dem Papst vorzulegen (c. 1417 § 1).

[11] Vgl. hierzu W. Plöchl, Geschichte des Kirchenrechts, Bd. I, 134-139, 312-317, Bd. II, 87-93, Bd. III, 116-128.

[12] Vgl. P.F. Wernz, P. Vidal, Ius Canonicum Codicis normam exactum, Bd. II, Rom 1923, 433 ff.; A. Vermeersch, J. Creusen, Epitome Iuris Canonici cum commentariis ad scholas et ad usum privatum, Bd. III, Mecheln – Rom [4]1931, 8.

Wenn der Papst mit letzter Verbindlichkeit, d.h. unter Berufung auf die Unfehlbarkeit, etwas zu glauben vorlegt, was im Widerspruch zum Glauben der Kirche steht, stellt er sich selbst außerhalb der Kirche und wird zum Häretiker; rechtlich folgt hieraus, daß ein solcher Papst automatisch als Papst abgesetzt ist.[13] Die Rechtsfigur des "papa haereticus" ergibt sich als logische Konsequenz aus der Unfehlbarkeitslehre des I. Vatikanischen Konzils (DS/DH 3074); denn die Unfehlbarkeitslehre besagt, daß der Papst den Glauben der Kirche, der als ganzer die Unfehlbarkeit eigen ist, zum Ausdruck bringt, nicht aber, daß er sich unter Berufung auf die Unfehlbarkeit von eben diesem Glauben entfernen könnte.

Die konkrete Form der Papstwahl wird im CIC/1983 selbst nicht geregelt. In c. 349 ist lediglich das ausschließliche Papstwahlrecht des Kardinalskollegiums beibehalten worden; damit haben sich die nachkonziliaren Bestrebungen, den Wählerkreis (etwa auf Mitglieder der Bischofssynode) zu erweitern, nicht durchzusetzen vermocht.[14] Außerdem verweist c. 349 auf besonderes Recht, durch das die Papstwahl näher geregelt ist. Die geltende Rechtsgrundlage bildet die Apostolische Konstitution Papst Paul VI. "Romano Pontifici eligendo" vom 1.10.1975.[15] In diese Konstitution ist die seit 1970 bestehende Vorschrift aufgenommen worden, derzufolge Kardinäle, die das 80. Lebensjahr vollendet haben, das aktive Wahlrecht verlieren (n. 33).[16] Wie die Konstitution im einzelnen ausführt, müssen im Konklave täglich zwei Wahlversammlungen mit zwei Abstimmungen stattfinden.[17] Für die Wahl des neuen Papstes ist eine Zweidrittelmehrheit plus einer weiteren Stimme erforderlich (n. 65); hierdurch soll verhindert werden, daß eine Zweidrittelmehrheit durch die Selbstwahl eines Wahlberechtigten zustande kommt. Nach 26 erfolglosen Abstimmungen kann das Kardinalskollegium, allerdings nur bei Einstimmigkeit, beschließen, daß fortan eine absolute Mehrheit plus einer weiteren Stimme genügt oder die Wahl durch Beauf-

---

[13] Vgl. P. Neuner, Zwischen Primat und Kollegialität, 91.

[14] G. May, Das Papstwahlrecht in seiner jüngsten Entwicklung, 238 f.

[15] AAS 67 (1975), 609-645; AfkKR 144 (1975), 481-505.

[16] Paul VI., MP Ingravescentem laetatem vom 21.11.1970, in: AAS 62 (1970), 810-813; AfkKR 139 (1970), 500 ff.

[17] Neben der Wahl durch Abstimmung hat die Konstitution auch die Möglichkeit einer Wahl gleichsam durch Zuruf oder Eingebung (n. 63) und einer Wahl durch Beauftragte (n. 64) beibehalten; um diese besonderen Formen der Papstwahl anwenden zu können, ist allerdings Einstimmigkeit erforderlich.

tragte durchgeführt wird (n. 76); in diesem Fall wird das Wahlrecht auf 9 bis 15 Mitglieder des Kardinalskollegiums übertragen.

Ist der zum Papst Gewählte bereits Bischof, so besitzt er mit Annahme der Wahl sogleich die Fülle der päpstlichen Vollmacht. Wird hingegen ein Nichtbischof – grundsätzlich ist auch ein Priester, Diakon oder Laie wählbar – zum Papst gewählt, muß dieser bereit sein, unverzüglich sich zum Bischof weihen zu lassen (vgl. c. 332 § 1). Fehlt diese Bereitschaft, so ist die Wahl ungültig; hierdurch wird offenkundig, daß das Papstamt im Bischofsamt verwurzelt ist und von diesem nicht abgelöst werden kann.[18]

1.2 Das Bischofskollegium als Träger der kirchlichen Höchstgewalt

Die Gesamtheit der Bischöfe mit dem Wort "Bischofskollegium" zu bezeichnen, ist bis zum II. Vatikanischen Konzil keineswegs selbstverständlich gewesen. Der CIC/1917 verwendet das Wort nicht. Nach gelegentlichem Gebrauch unmittelbar vor dem Vaticanum II wurde es dann von diesem immer stärker herangezogen, um schließlich in der konziliaren Ekklesiologie zu einem Schlüsselbegriff zu werden; dabei war sich das Konzil bewußt, nicht ein neues Wort einzuführen, sondern auf den frühchristlichen Sprachgebrauch zurückzugreifen.[19]

Gleichwohl ist in den Konzilstexten eine gewisse Zurückhaltung gegenüber dem Wort "Kollegium" festzustellen. So heißt es in der Kirchenkonstitution, daß Christus die Apostel *nach Art* eines Kollegiums oder *eines festen Kreises* eingesetzt hat (LG 19). Und auch bezogen auf das Bischofskollegium, das in Analogie zum Apostelkollegium gesehen wird (vgl. LG 20; 22; CD 4), hat sich das Konzil nicht auf das Wort "Kollegium" festgelegt, sondern verwendet zugleich andere Ausdrücke wie "coetus", "corpus", "ordo" oder "congregatio".[20] Dieser Ausdruckswechsel ist nicht aufgrund einer mangelhaften Textredaktion oder Textkoordination erfolgt, sondern bewußt geschehen, um ein Mißverständnis abzuwehren. "Kollegium" darf hier nicht, wie die "Erläuternde Vorbemerkung" zur

---

18 Vgl. hierzu auch R. Metz, Der Papst, 266.

19 Vgl. dazu K. Rahner, Kommentar zum III. Kapitel ["Lumen Gentium"], Artikel 18-27, in: LThK Vat II/1, 210-246, 224 ff.; J. Ratzinger, Kommentar zu den "Bekanntmachungen", in: Ebd., 348-360, 350 ff.

20 W. Aymans, Das synodale Element in der Kirchenverfassung, 192-201.

Kirchenkonstitution hervorhebt, im streng juridischen Sinn verstanden werden, als ob dieses Kollegium einen Kreis von Gleichrangigen bildet, die ihre Gewalt auf ihren Vorsitzenden übertrügen (vgl. NE 1).

Allerdings ist dieses Verständnis weder für das weltliche noch für das kirchliche Recht zwingend. Das Konzil unterschiebt ein bestimmtes Verständnis von Kollegium (Kreis von Gleichrangigen), um sich dann von diesem distanzieren zu müssen. Das Bischofskollegium ist kein Kreis von Gleichrangigen, sondern weist in sich selbst – vor allem wegen der Sonderstellung des Papstes – eine hierarchische Struktur auf. Kollegium im juridischen Sinn besagt, daß eine Gesamtheit von Personen Träger von bestimmten Rechten und Pflichten ist. Dieses Verständnis läßt sich aber ohne Schwierigkeiten auf das Bischofskollegium übertragen, ohne daß damit schon etwas über Struktur und Zusammensetzung dieses Kollegiums ausgesagt wäre.

Der Papst ist Haupt des Bischofskollegiums, dessen Glieder "kraft der sakramentalen Weihe" und "durch die hierarchische Gemeinschaft" untereinander und mit dem Papst die Bischöfe sind (c. 336; LG 22,1). Für die Zugehörigkeit zum Bischofskollegium sind also zwei Elemente erforderlich, die beide rechtlich relevant sind. Der Unterschied liegt darin, daß das eine sakramental, das andere nichtsakramental ist; das eine ist unverlierbar, während das andere entzogen werden kann oder von vornherein nicht gegeben ist wie bei der Bischofsweihe außerhalb des sichtbaren Gefüges der katholischen Kirche. Die sakramentale Weihe gibt die Wirkursache an, während die Gemeinschaft mit Haupt und Gliedern des Kollegiums eine unerläßliche Bedingung darstellt, damit das in der sakramentalen Weihe Gegebene zur Entfaltung kommt.[21]

Das Bischofskollegium steht in der Kontinuität des Apostelkollegiums und ist als solches "gleichfalls Träger der höchsten und vollen Gewalt im Hinblick auf die Gesamtkirche" (c. 336; LG 22,2). Wie schon das Konzil so verbindet auch der Codex die Aussage über das Bischofskollegium sofort mit der Feststellung, daß dieses Träger kirchlicher Höchstgewalt ist. In diesem Verständnis gibt es nur ein *einziges* Bischofskollegium. Sieht man aber von dieser Feststellung ab, so kommen die vielen Formen kollegialen Handelns in den Blick, die auf der Ebene der Bischofskonferenzen, der Synoden und Partikularkonzilien ausgeübt werden.[22]

---

[21] Vgl. P. Krämer, Dienst und Vollmacht in der Kirche, 40 f.

[22] Vgl. W. Aymans, Das synodale Element in der Kirchenverfassung, 201-204.

Funktion und Aufgabenstellung des Bischofskollegiums werden im kirchlichen Gesetzbuch nicht näher ausgeführt. Hierfür ist ein Rückgriff auf das II. Vatikanische Konzil erforderlich, das in der Kirchenkonstitution feststellt: "Insofern dieses Kollegium aus vielen zusammengesetzt ist, stellt es die Vielfalt und Universalität des Gottesvolkes, insofern es unter einem Haupt versammelt ist, die Einheit der Herde Christi dar" (LG 22,2). Daher kommt den Bischöfen als den Vorstehern der verschiedenen Ortskirchen eine doppelte Repräsentationsfunktion zu: Sie repräsentieren im Bischofskollegium je ihre Kirche, alle zusammen aber in Einheit mit dem Papst die ganze Kirche (vgl. LG 23,1). Hierbei darf Repräsentation nicht mit Stellvertretung im rechtlichen Sinn gleichgesetzt werden. Denn während der Stellvertreter einen ganz bestimmten Auftrag zu erfüllen hat, ist der Repräsentant zu eigenständigem Handeln berechtigt. Repräsentation im kirchlichen Bereich ist eine im Sakramentalen gründende Funktion des geistlichen Amtes, die darauf abzielt, die vielen Teile des Gottesvolkes zur Einheit untereinander und mit Christus zusammenzuführen; der einzelne Bischof ist "sichtbares Prinzip und Fundament der Einheit" (LG 23,1), insofern er der Gesamtkirche gegenüber die Teilkirche und der Teilkirche gegenüber die Gesamtkirche repräsentiert.

Wenn Papst und Bischofskollegium Träger der höchsten Vollmacht in der Kirche sind, stellt sich wegen der inneren Verschränkung beider die Frage, wieviele Träger dieser Vollmacht es eigentlich gibt.[23] Mit der Lehre des II. Vatikanischen Konzils sind wohl drei Theorien unvereinbar:

1. Einziger Träger der kirchlichen Höchstgewalt ist der Papst, wobei das Bischofskollogium nur gelegentlich aufgrund einer besonderen Beauftragung durch den Papst tätig zu werden vermag.

2. Einziger Träger der kirchlichen Höchstgewalt ist das Bischofskollegium, das den Papst zu bestimmten Aufgaben delegiert und insofern durch diesen repräsentiert wird.

3. Es gibt zwei Träger der höchsten Vollmacht in der Kirche, Papst und Bischofskollegium, die adäquat voneinander unterschieden sind.

---

[23] Siehe hierzu den Überblick bei H. Müller, Die Träger der obersten Leitungsvollmacht, 249 ff.

Mit der Konzilslehre dürften nur zwei Theorien vereinbar sein, die in der Nachkonzilszeit von kanonistischer (v.a. W. Bertrams, K. Mörsdorf) und dogmatischer Seite (v.a. Karl Rahner) entwickelt wurden:

- Es gibt zwei Träger der höchsten Vollmacht, die inadäquat voneinander verschieden sind, der Papst für sich allein genommen und das Bischofskollegium mit dem Papst als seinem Haupt; es liegt hier nur eine inadäquate Unterscheidung vor, weil nicht unterschieden werden kann zwischen dem Papst einerseits und dem Bischofskollegium ohne den Papst andererseits.

- Das Bischofskollegium ist einziger Träger der höchsten Vollmacht in der Kirche, wobei dem Papst in diesem Kollegium eine Sonderstellung zukommt. Auch wenn der Papst persönlich und eigenverantwortlich handelt, steht er stets in Gemeinschaft mit den übrigen Bischöfen (vgl. c. 333 § 2), ist und bleibt er Haupt des Bischofskollegiums und kann diese ontologische Verbundenheit mit dem Kollegium nicht abstreifen.

Diese Versuche zur Bestimmung der kirchlichen Höchstgewalt sind keineswegs abstrakte, wirklichkeitsferne Überlegungen. Sie zielen vielmehr darauf hin, daß in der Ausübung der Höchstgewalt die kollegiale Mitverantwortung der Bischöfe und die Eigenverantwortung der Ortskirchen wirksam werden. Ob der Papst in der Ausübung seines Amtes persönlich tätig wird oder in kollegialer Verbundenheit mit den übrigen Bischöfen, hängt von den konkreten Gegebenheiten und Erfordernissen der Kirche ab; immer muß aber "die kollegiale Natur und Beschaffenheit des Episkopates" (LG 22,1) erkennbar bleiben, durch die auch das Amt des Papstes als des Bischofs von Rom qualifiziert wird. Das Bischofskollegium hingegen kann die ihm eigene Höchstgewalt nicht im Gegenüber zum Papst ausüben, weil dieser zum Kollegium selbst gehört und dessen Haupt darstellt; denn nur insofern die Bischöfe unter einem Haupt versammelt sind, vermögen sie die Einheit der Kirche darzustellen und zu gewährleisten (vgl. LG 22,2).

Das Bischofskollegium übt seine Vollmacht im Hinblick auf die Gesamtkirche auf zweifache Weise aus, im Ökumenischen Konzil (c. 337 § 1) oder außerkonziliar durch gemeinsames Handeln, das vom Papst veranlaßt oder frei angenommen sein muß, um einen wirklich kollegialen Akt zu begründen (cc. 337 § 2, 341 § 2); diese Form kollegialen Handelns ist gelegentlich auch als "Briefkonzil" bezeichnet worden.[24]

1.3 Das Ökumenische Konzil

"Ökumenisch" und "Konzil" - beide Begriffe werden im kirchlichen Gesetzbuch nicht einheitlich verwendet. Das "Konzil" bezeichnet Kirchenversammlungen nicht nur auf gesamtkirchlicher, sondern auch auf teilkirchlicher Ebene (Partikular-, Provinzial-, Plenarkonzil). Auch das Adjektiv "ökumenisch" (über den Erdkreis hin, weltweit) hat einen doppelten Sinngehalt. So spricht man zum einen von "ökumenischer Bewegung" (vgl. UR 4, c. 755 § 1), die die Grenzen der katholischen Kirche überschreitet, ja sogar *außerhalb* der katholischen Kirche entstanden ist und auf die Förderung und Wiederherstellung der Einheit unter allen Christen hinzielt. Zum anderen wird mit "Ökumenischem Konzil" eine *innerhalb* der katholischen Kirche bestehende Einrichtung ausgedrückt, nämlich die Versammlung der zur katholischen Kirche gehörenden Bischöfe (c. 337 § 1).

Traditionsgemäß kennt die katholische Kirche einundzwanzig Ökumenische Konzilien, wobei die im 1. Jahrtausend durchgeführten acht Konzilien auch von den Orthodoxen Kirchen anerkannt werden;[25] demgegenüber waren die nach der Kirchenspaltung von 1054 durchgeführten Konzilien "allgemeine Konzile der abendländischen Kirche, die ihre Katholizität wohl durch die Einheit mit dem Papst zum Ausdruck brachte, der aber die größere Einheit fehlte. Das collegium episcopale wie überhaupt die communio war gespalten und zerrissen".[26] Und dieser Bruch vertiefte sich noch durch die im 16. Jahrhundert erfolgten Kirchenspaltungen.

Ökumenische Konzilien unterscheiden sich erheblich in Struktur, Zusammensetzung und Aufgabenstellung. Um der Vielgestaltigkeit in der geschichtlichen Entwicklung Rechnung zu tragen, hat das II. Vatikanische Konzil lediglich eine Mindestform der päpstlichen Beteiligung an Ökumenischen Konzilien aufgestellt: "Ein Ökumenisches Konzil gibt es nur, wenn es vom Nachfolger Petri als solches bestätigt

---

24 K. Rahner, Kommentar, a.a.O., 226.

25 Vgl. die Übersicht bei H.-J. Vogt, Konzil I Geschichte, in: StL III (^{7}1987) 668 ff.

26 W.M. Plöchl, Das Factum "Konzil" in rechtshistorischer Sicht, 157.

oder wenigstens frei angenommen wird" (LG 22,2). Zugleich weist das Vaticanum II aber auch auf die geltende Rechtslage hin: "... der Bischof von Rom hat das Vorrecht, diese Konzilien zu berufen, auf ihnen den Vorsitz zu führen und sie zu bestätigen" (LG 22,2).

Das Ökumenische Konzil wird nach der geltenden Rechtslage durch folgende Elemente bestimmt:

1. Bischöfliche Versammlung – Zwischen Bischofskollegium und Ökumenischem Konzil besteht, wie die Kirchenkonstitution des II. Vatikanischen Konzils betont, ein ganz enger Zusammenhang: "Die höchste Gewalt im Hinblick auf die ganze Kirche, die dieses Kollegium besitzt, wird in feierlicher Weise im Ökumenischen Konzil ausgeübt" (LG 22,2). Hieraus zieht das Bischofsdekret die Folgerung, "daß allen Bischöfen, die Glieder des Bischofskollegiums sind, das Recht zusteht, am Ökumenischen Konzil teilzunehmen" (CD 4,1).

   Neu gegenüber der Kodifikation von 1917 (vgl. c. 228 § 1 CIC/1917) ist vor allem die Tatsache, daß das Ökumenische Konzil nunmehr in die Aussagen über das Bischofskollegium eingeordnet wird; es erscheint gerade als eine Ausübungsweise dieses Kollegiums, ohne daß hiermit eine völlige Identität behauptet wird. Das Gesetzbuch von 1983 übernimmt diese Sichtweise, indem es das Ökumenische Konzil (sogar ohne eigene Titelüberschrift) ganz in den Abschnitt über das Bischofskollegium einfügt.[27] Es geht aber über das Vaticanum II hinaus, wenn es allen und nur den Bischöfen, die Glieder des Bischofskollegiums sind, ein entscheidendes Stimmrecht im Ökumenischen Konzil zuerkennt (c. 339 § 1). Es wird also kein Unterschied mehr gemacht zwischen Bischöfen, die einer Teilkirche vorstehen und als solche entscheidendes Stimmrecht haben, und Titularbischöfen, denen ein solches Stimmrecht, wenn sie überhaupt zum Konzil geladen wurden, nicht ohne weiteres zukam (vgl. c. 223 CIC/1917).

[27] Abwegig ist, hieraus die Folgerung ziehen zu wollen, das Ökumenische Konzil sei im CIC/1983 gegenüber der Kodifikation von 1917 abgeschwächt worden und habe seine verfassungsrechtliche Bedeutung eingebüßt; in diesem Sinn K. Walf, Kirchenrecht, 111 - 115 und eine entsprechende Erklärung in: Concilium 19 (1983), 586.

Das Ökumenische Konzil stellt also eine bischöfliche Versammlung dar.[28] Gleichwohl ist hiermit die Möglichkeit der Teilnahme von Nichtbischöfen keineswegs ausgeschlossen. Ausdrücklich stellt c. 339 § 2 fest, daß zum Ökumenischen Konzil andere, die nicht Bischöfe sind, berufen werden können, deren Stellung im Konzil dann näher zu bestimmen ist. Hier ist vor allem zu denken an Laien und Ordenschristen, an theologische Berater, aber auch an nichtkatholische Christen und Amtsträger, "deren Mitwirkung nicht wie im II. Vaticanum mit dem Beobachterstatus erschöpft sein muß".[29] Die Arbeit eines Ökumenischen Konzils wird umso fruchtbarer sein, als es von ökumenischer Offenheit geprägt ist und dem Glaubenssinn aller Gläubigen einen lebendigen Ausdruck verleiht.

2. Unter der Autorität des Papstes – In den geltenden Rechtsnormen zum Ökumenischen Konzil wird die beherrschende Stellung des Papstes nachdrücklich betont. Das Konzil hängt gänzlich von ihm ab; ausschließlich in seiner Kompetenz liegen: Einberufung und Vorsitz, Verlegung, Unterbrechung oder Auflösung des Konzils, Erlaß der Geschäftsordnung, Festlegung der Verhandlungsgegenstände, Genehmigung der Konzilsbeschlüsse (c. 338). Die herausragende Stellung des Papstes geht auch aus der Bestimmung hervor, daß ein Konzil bei Freiwerden des Apostolischen Stuhles sofort zu unterbrechen ist, bis der neue Papst über dessen Fortführung oder Auflösung entschieden hat (c. 340).

   Lediglich hinsichtlich der vom Papst vorgelegten Beratungsgegenstände haben die Konzilsväter das Recht, weitere Themen hinzuzufügen, die wiederum vom Papst zu billigen sind (c. 338 § 2). Das Vorschlagsrecht der Teilnehmer am Konzil ist also einerseits anerkannt, andererseits aber sehr einschränkend formuliert. Sicherlich ist das Recht des Papstes unbestritten, Beratungsgegenstände festzulegen; gleichermaßen unbestritten müßte sein, "daß die Bischöfe ... ihre Anliegen einbringen und auf dem Konzil frei artikulieren können".[30] Dies ist eine notwendige Voraussetzung dafür, daß das Bischofskollegium im Ökumenischen Konzil seine Höchstgewalt im Hinblick auf die Gesamtkirche auszuüben vermag.

---

[28] Vgl. hierzu J. Ratzinger, Zur Theologie des Konzils, 151-163.

[29] H. Müller, Konzil, 1869.

[30] K. Hartelt, Das Ökumenische Konzil, 268.

3. Verbindlichkeit der Beschlüsse – Ökumenische Konzlilien treten zusammen, um wichtige Fragen des christlichen Glaubens und der kirchlichen Rechtsordnung zu erörtern und zu entscheiden. Beschlüsse des Konzils erlangen aber erst dann rechtliche Verbindlichkeit, wenn sie vom Papst zusammen mit den Konzilsvätern genehmigt (approbare), von diesem bestätigt (confirmare) und auf seine Anordnung hin veröffentlicht (promulgare) worden sind (c. 341 § 1). In dieser Norm ist zunächst die Promulgationsformel des II. Vatikanischen Konzils ("zusammen mit den Konzilsvätern") erkennbar, wonach ein Konzilsbeschluß nur synodal, durch das Zusammenwirken von Haupt und Gliedern des Bischofskollegiums, zustande kommen kann.[31] Wenn darüber hinaus aber eine Bestätigung allein durch den Papst verlangt wird, so weist dies auf die Promulgationsformel des I. Vatikanischen Konzils hin; denn die Beschlüsse dieses Konzils wurden eigentlich in der Form päpstlicher Dekrete promulgiert, denen das Konzil zuvor lediglich seine Zustimmung gegeben hat ("sacro approbante Concilio").[32] Die Mitwirkung des Papstes am Zustandekommen eines Konzilsbeschlusses ist aber durch die "una cum"–Formel hinreichend gewährleistet und auch als qualifizierte Mitwirkung hinreichend gekennzeichnet. "Eine zusätzliche Bestätigung der gemeinsam approbierten Beschlüsse durch den Papst erscheint daher zumindest als überflüssig."[33] Da hierdurch der synodale Charakter eines Konzilsbeschlusses verdunkelt werden kann, bleibt zu hoffen, daß ein künftiges Konzil sich nach dem Vorbild des Vaticanum II mit der "una cum"–Formel begnügt, und dies in der dann zu erstellenden Geschäftsordnung festschreibt.

Ohne Zweifel ist das Ökumenische Konzil eine wichtige Einrichtung im Dienst an der Einheit der Kirche. Es hat die Aufgabe, dafür Sorge zu tragen, daß die vielen Kirchen in der einen Kirche integriert bleiben. Damit stellt sich die Frage nach der Rechtsgrundlage. Insofern im Ökumenischen Konzil die Vollmacht des Bischofskollegiums ausgeübt wird und die "communio Ecclesiarum", die organische

31 Im Unterschied zu c. 341 § 1 ist der synodale Charakter eines Konzilsbeschlusses in c. 338 § 1 nicht erkennbar, insofern hier nur auf die Approbation der Dekrete durch den Papst hingewiesen wird.

32 Vgl. hierzu H. Jedin, Die Geschäftsordnung des Konzils, in: LThK Vat II/3, 610-623, 614; K. Mörsdorf, Die Promulgationsformel, 340 ff.

33 K. Hartelt, Das Ökumenische Konzil, 271.

Verbundenheit der verschiedenen Ortskirchen in ihrer Einheit und Vielfalt, zur Darstellung kommt, verweist es auf das unverfügbare, göttliche Recht und ist in diesem verankert. Gleichwohl ist die konkrete Form eines Konzils variabel und muß entsprechend den jeweiligen Zeiterfordernissen ausgestaltet werden. Aus der engen Verklammerung von Bischofskollegium und Ökumenischem Konzil wird man nicht notwendigerweise das Teilnahme- und Stimmrecht *aller* Bischöfe ableiten können. Deshalb ist auch eine andere Rechtsgestalt, als sie der Codex im Anschluß an das Vaticanum II vorsieht, durchaus denkbar, zumal die Gefahr besteht, daß ein Konzil, bestehend aus allen Bischöfen, wegen der Größe der Teilnehmerzahl zu schwerfällig wird und praktisch nicht mehr zu einem fruchtbaren Arbeiten findet. Außerdem ist nicht zwingend, daß sich der Teilnehmerkreis allein nach der Anzahl der geweihten Bischöfe bemißt. Vielmehr könnte der Gesichtspunkt der Repräsentation, der in der patristischen Theologie vorherrschend war, wieder stärker berücksichtigt werden, wonach in Konzilien die verschiedenen Teilkirchen repräsentiert werden bzw. werden müssen; hierbei wäre auch die Möglichkeit einer repräsentativen Vertretung der Bischöfe, die einer Teilkirche vorstehen, nicht ausgeschlossen, eine Möglichkeit, die in der Ordnung der Bischofssynode eine größere Beachtung gefunden hat.[34]

2 *Bischofssynode und Kardinalskollegium*

In der Ausübung seines Amtes wird der Papst durch verschiedene Beratungsorgane unterstützt, insbesondere durch die Bischofssynode und das Kardinalskollegium.

2.1 Bischofssynode

Zu den wichtigsten Neuerungen im Bereich des kirchlichen Verfassungsrechts gehört die Bischofssynode, die durch die Diskussionen im Verlauf des II. Vatikanischen Konzils angeregt worden war (vgl. CD 5).[35] Denn in den letzten vierhundert Jahren hat die katho-

---

[34] Vgl. W. Aymans, Das synodale Element in der Kirchenverfassung, 126 ff.
[35] Vgl. H. Jedin, Einleitung zur Ordnung der Bischofssynode, in: NKD 12, 9-16, 11 ff.

lische Kirche über kein vergleichbares synodales Element auf der Ebene der Gesamtkirche verfügt, nachdem das Kardinalskollegium seine Funktion als Senat des Papstes (Konsistorium) gegen Ende des 16. Jahrhunderts fast gänzlich eingebüßt hatte. Die Bischofssynode wurde von Papst Paul VI. mit dem Motuproprio "Apostolica sollicitudo" vom 15.9.1965 errichtet[36] und in der Nachkonzilszeit durch Erlaß einer Geschäftsordnung näher ausgestaltet.[37] Sowohl das Errichtungsdekret als auch die Geschäftsordnung gelten nach Inkrafttreten des CIC/1983 fort, da die in diesem Gesetzbuch erlassenen Bestimmungen zur Bischofssynode lediglich ein Rahmengesetz darstellen, in dem mehrfach auf das für die Synode geltende besondere Recht hingewiesen wird.

Im Errichtungsdekret "Apostolica sollicitudo" hebt Paul VI. hervor, daß eine Bischofssynode die Arbeit leisten soll, die zwischen Konzilien gemeinsam zu leisten ist; es geht also um ein kollegiales Element in der Kirchenverfassung. Gleichwohl verwendet der Papst in diesem Zusammenhang nicht den Begriff "Bischofskollegium". Auch das Vaticanum II spricht bei der Behandlung der Bischofssynode ebensowenig von Bischofskollegium wie der Codex in den cc. 342-348. Ohne Zweifel ist dies mit Absicht geschehen. Denn die Bischofssynode wird nicht als Organ oder Ausübungsweise des Bischofskollegiums gesehen, sondern nur als eine Vertretung des ganzen Episkopates, die darauf abzielt, die Verbundenheit zwischen Papst und Bischöfen zu fördern und gesamtkirchliche Aufgaben zu beraten. Dahinter steht wohl die Überlegung, daß nur das Bischofskollegium, nicht aber die Bischofssynode, den Anspruch erheben kann, Träger der höchsten Vollmacht in der Kirche zu sein. Überdies mag die Befürchtung bestanden haben, der päpstliche Primat könnte durch die Bischofssynode eingeebnet werden, zumal wenn dieser nicht nur ein beratendes, sondern auch ein entscheidendes Stimmrecht zuerkannt werde. Theologisch läßt sich jedoch ein Zusammenhang zwischen Bischofskollegium und Bischofssynode nicht bestreiten, wenn man bedenkt, daß das Bischofskollegium in verschiedenen Formen tätig werden kann, ohne dabei immer seine Höchstgewalt in Anspruch zu nehmen.[38] Hinter dieser theologischen Sichtweise bleibt der CIC/1983 zurück. Die Bischofssynode wird hier nur in Hinord-

---

[36] AAS 57 (1965), 775-780; NKD 12, 50-61.
[37] Vgl. AAS 61 (1969), 525-539; 63 (1971), 702-704.
[38] Vgl. hierzu O. Stoffel, in: MK 342/1 f., Rdn 3 (11. Erg. - Lfg., Nov. 1989).

nung auf das Papstamt, nicht aber in Hinordnung auf das Bischofskollegium bestimmt.

Obwohl die Bischofssynode nur ein Beratungsorgan des Papstes ist, kann ihr in Einzelfällen vom Papst ein entscheidendes Stimmrecht übertragen werden (c. 343). Da allerdings solche Entscheidungen, um rechtsverbindlich zu werden, vom Papst in Kraft gesetzt werden müssen, wird faktisch der beratende Charakter der Bischofssynode kaum überschritten, zumal es gänzlich im Ermessen des Papstes liegt, ob, wann und in welchen Fällen er der Synode ein entscheidendes Recht einräumt. Die Hinordnung auf das Papstamt wird auch in c. 344 deutlich: Alle rechtlich relevanten Sachverhalte (Einberufung, Vorsitz, Festlegung der Beratungsgegenstände u.s.w.) hängen vom Papst ab. Daß die Beratungsgegenstände allein durch den Papst festgelegt werden, wirkt befremdlich; hier wäre zumindest die Wendung "unter Berücksichtigung der von den Bischöfen eingereichten Vorschläge" angebracht gewesen.[39] Außerdem ist zu kritisieren, daß die durch Wahl bestimmten Synodenteilnehmer noch zusätzlich durch den Papst bestätigt werden müssen.

Verschiedene Formen der Bischofssynode sind von einander zu unterscheiden, deren Zusammensetzung und Arbeitsweise sich nach dem besonderen Recht richten, das für die Bischofssynode erlassen wurde. Während die Generalversammlung (als ordentliche oder außerordentliche Versammlung) sich mit Angelegenheiten befaßt, die unmittelbar das Wohl der Gesamtkirche betreffen, geht es in der Spezialversammlung um Fragen und Probleme, die sich unmittelbar auf eine oder mehrere Regionen beziehen (c. 345). Ganz gleich, um welche Form es sich auch handelt, die Bischofssynode ist, wie das MP Apostolica sollicitudo hervorhebt (n. I), ihrem Wesen nach eine ständige Einrichtung; der Struktur nach ist sie jedoch zeitlich befristet in der Erfüllung der jeweils gestellten Aufgaben. Mit anderen Worten: Die Bischofssynode ist Ereignis, besteht also in der konkreten Versammlung und Beratung der Bischöfe untereinander; dabei verfügt sie über Organe, die einen ständigen Charakter haben und nach Abschluß einer Bischofssynode fortbestehen: Generalsekretariat und ständiger Rat bestehend aus Bischöfen (vgl. c. 348).

---

[39] Tatsächlich war eine solche Formulierung noch in einem Vorentwurf zum CIC vorgesehen; vgl. Schema De populo dei, Typ. Pol. Vat. 1977, c. 159 n. 3.

Schließlich ist die Bischofssynode noch gegenüber der römischen Kurie und dem Kardinalskollegium abzugrenzen. Sie stellt zunächst keine Instanz dar, die der römischen Kurie übergeordnet ist oder dieser gegenüber eine Entscheidungsbefugnis hätte. Gleichwohl gibt es eine Verschränkung zwischen beiden Einrichtungen, insofern die obersten Leiter der Kurialbehörden von Amts wegen Mitglieder der Bischofssynode sind. Der Papst steht der römischen Kurie wie auch der Bischofssynode vor. Der Unterschied besteht darin, daß die Bischofssynode als Beratungsorgan für den Papst konstituiert ist, während die römische Kurie als Stellvertretungsorgan vor allem in den Bereichen der Verwaltung und der Rechtssprechung tätig wird.

Im Unterschied zum Kardinalskollegium ist die Mitgliedschaft in der Bischofssynode zeitlich begrenzt, wobei die große Mehrheit ihrer Mitglieder gewählt werden; hingegen werden die Kardinäle auf Dauer vom Papst frei ernannt. Die Bischofssynode kann nur durch die Entscheidung des Papstes zusammentreten, hat also kein Selbstversammlungsrecht, wogegen die Kardinäle bei Sedisvakanz zusammentreten, um einen neuen Papst zu wählen. Das Kardinalskollegium ist seiner Geschichte und Struktur nach der *ständige* Senat des Papstes, eine Funktion, die die Bischofssynode in ihrer jetzigen Gestalt nicht zu leisten vermag.

2.2 Kardinalskollegium

Im Unterschied zum Bischofsamt, das im Wesen der Kirche selbst verankert und insofern unaufgebbar ist, stellt das Kardinalat eine Einrichtung rein kirchlichen Rechts dar, die sich seit dem frühen Mittelalter aus dem römischen Stadtklerus entwickelt hat.[40] Mit "cardinalis" wurde der an einer Hauptkirche (cardo = Türangel, Angelpunkt) angestellte Geistliche bezeichnet, wobei sich schon frühzeitig drei Ordnungen oder Klassen herausbildeten:

- "presbyteri cardinales"= Vorsteher der römischen Titelkirchen, die im wöchentlichen Wechsel zum liturgischen Dienst an den 5 Patriarchalkirchen herangezogen wurden,
- "diaconi cardinales" = Helfer des Bischofs von Rom (Aufgaben: Liturgische Dienste, Armenpflege, Vermögensverwaltung),

[40] Vgl. W. Plöchl, Geschichte des Kirchenrechts, Bd. I, 319-323, Bd. II, 94-99, Bd. III, 128-143; C.G. Fürst, Cardinalis, 14-118.

- "episcopi cardinales" = Bischöfe der im Umkreis Roms liegenden Diözesen (suburbikarische Bischöfe), die vom Papst als Berater in wichtigen Angelegenheiten und zur Vertretung herangezogen wurden.

Als Kollegium entwickelte sich das Kardinalat erst, als ihm das ausschließliche Papstwahlrecht[41] zugebilligt wurde (1179). In der Folgezeit erlangte das Kardinalskollegium, in das nun auch auswärtige Bischöfe aufgenommen wurden, größten Einfluß auf die Kirchenleitung. Im Konsistorium fungierte es als Senat des Papstes; alle wichtigen Angelegenheiten der Kirche wurden hier besprochen und beraten. Die Rechtslage änderte sich mit der von Papst Sixtus V. durchgeführten Kurienreform (1588). Während das Konsistorium mehr und mehr seine Bedeutung verlor, verlagerte sich die Aufgabe der Kardinäle auf die Leitungsfunktion innerhalb ganz bestimmter Sachbereiche; daher nahm der Einfluß der an den römischen Kurialbehörden, vor allem der in den einzelnen Kongregationen tätigen Kardinäle erheblich zu.

Die Beschränkung der Kardinäle auf die Zahl 70, von Sixtus V. angeordnet und in c. 231 § 1 CIC/1917 übernommen, wurde durch Papst Johannes XXIII. aufgegeben[42] und hat im CIC/1983 keinen Niederschlag mehr gefunden.

Im geltenden Recht werden drei Aufgaben der Kardinäle genannt: Papstwahl, gemeinsame Beratung wichtiger Fragen zusammen mit dem Papst und Übernahme verschiedener Ämter und Funktionen für die Gesamtkirche. Das Kardinalskonsistorium, das bis zum Vaticanum II in zeremoniellen Formen erstarrt war, hat nun eine deutliche Aufwertung erhalten. Denn gerade in den Konsistorien (in der ordentlichen oder außerordentlichen Form) sollen die Kardinäle den Papst auf kollegiale Weise unterstützen und mit ihm drängende Probleme der Kirche beraten (vgl. c. 353). Wie die Bischofssynode dient also auch das Kardinalskollegium dem Papst als gesamtkirchliches Beratungsorgan.

Obgleich nur ein Priester zum Kardinal ernannt werden kann und ein Kardinal, der noch nicht Bischof ist, die Bischofsweihe emp-

---

[41] Siehe dazu S. 103 ff.

[42] AAS 50 (1958), 987; nach einer Entscheidung Papst Paul VI. soll die Anzahl der Kardinäle, die den Papst wählen können, die Zahl 120 nicht überschreiten (AAS 65 (1973), 163).

fangen muß (c. 351 § 1),[43] hat der CIC/1983 an der Aufteilung der Kardinäle in drei Rangklassen (Kardinalbischöfe, Kardinalpriester, Kardinaldiakone) festgehalten (vgl. cc. 350, 357), ebenso an der Möglichkeit der Kardinaldiakone und Kardinalpriester, auf eine andere Titelkirche bzw. Diakonie zu wechseln (c. 350 § 5). Diese Regelungen, die nur noch historisch verständlich sind, haben keine größere rechtliche Bedeutung mehr, zumal die Kardinäle, denen eine suburbikarische Kirche oder eine Kirche in der Stadt Rom als Titel zugewiesen wird, im Hinblick auf diese Kirche keinerlei Leitungsvollmacht ausüben können (c. 357 § 1). Wichtiger ist die Tatsache, daß nun auch Patriarchen der orientalischen Kirchen in das Kardinalskollegium berufen werden können (c. 350 § 1);[44] diese werden in die Gruppe der Kardinalbischöfe eingereiht, behalten aber den eigenen Patriarchalsitz als Titel bei (c. 350 § 3), so daß sie nicht dem römischen Klerus zugezählt werden können. Zu begrüßen ist auch, daß der CIC/1983 kasuistische Einzelvorschriften gestrichen hat, die den Ausschluß vom Kardinalat (z.B. wegen nichtehelicher Geburt) betrafen (vgl. c. 232 § 2 CIC/1917).

Kardinäle werden vom Papst frei ernannt, "kreiert" (c. 351 §§ 1 u. 2). Dabei wird in c. 351 § 3 auch die Möglichkeit erwähnt, daß der Papst jemanden zum Kardinal kreiert, ohne dessen Namen bekannt zu geben ("reservatio in pectore"); diese Möglichkeit ist für den Fall vorgesehen, daß die Bekanntgabe des Namens etwa wegen politischer Gründe als inopportun erscheint. Der "in pectore" berufene Kardinal tritt erst dann in die Pflichen und Rechte, die mit dem Kardinalat verbunden sind, ein, wenn der Papst seinen Namen bekannt gegeben hat.

3 Römische Kurie und päpstliche Gesandte

Stellvertretungsorgane des Papstes sind die Römische Kurie und die päpstlichen Gesandten, jene als zentrale Einrichtung (Apostolischer

[43] Das Erfordernis der Bischofsweihe, von dem freilich im Einzelfall dispensiert werden kann, wurde von Papst Johannes XXIII. aufgestellt; vgl. MP "Cum gravissima" vom 15.4.1962, in: AAS 54 (1962), 256-258.

[44] Diese Regelung geht auf Papst Paul VI. zurück; vgl. MP "Ad purpuratorum Patrum" vom 11.2.1965, in: AAS 57 (1965), 295 f.

Stuhl), diese als Beauftragte des Papstes in den verschiedenen Regionen der Erde.

3.1 Römische Kurie

Vielfältig sind die Strukturen und Aufgaben der römischen Kurie. Von ihr kann im Gesetzbuch auch dann die Rede sein, wenn vom "Apostolischen Stuhl" oder "Heiligen Stuhl" gesprochen wird (c. 361); denn diese Begriffe beziehen sich im weiteren Sinn auf Behörden der Römischen Kurie, im engeren Sinn allein auf den Papst (vgl. cc. 113 § 1, 335, 359).

Gewiß gehört die Römische Kurie nicht zur Wesensstruktur der Kirche, ist aber wesentlich auf den Petrusdienst ausgerichtet, indem sie den Papst im Dienst an der Einheit der Kirche unterstützt und dadurch ihre Aufgabe zugleich als Dienst an den vielen Teilkirchen erfüllt (c. 360).[45]

In ihrer Grundgestalt geht die Römische Kurie, die ein Stellvertretungsorgan des Papstes vor allem in den Bereichen der Verwaltung und Rechtssprechung darstellt, auf Papst Sixtus V. zurück (1588).[46] Wesentliche Neuerungen sind durch Pius X. (1908) eingeführt und in den CIC/1917 aufgenommen worden (cc. 242-264). Dennoch wurde auf dem Vaticanum II eine "neue Ordnung" der Kurialbehörden gefordert, "die den Erfordernissen der Zeit, der Gegenden und der Riten stärker angepaßt ist, besonders was ihre Zahl, Bezeichnung, Zuständigkeit, Verfahrensweise und die Koordinierung ihrer Arbeit angeht" (CD 9,2). Ebenso sollte eine größere Internationalisierung der Kurie vorgenommen, sollten Diözesanbischöfe unter die Mitglieder der einzelnen Behörden aufgenommen sowie Laien stärker herangezogen werden (CD 10). Diesen Wünschen ist Papst Paul VI. in der Apostolischen Konstitution "Regimini ecclesiae universae" vom 15.8.1967 nachgekommen,[47] die allerdings schon 20 Jahre später durch eine weitere Neuordnung abgelöst wurde, nämlich die Apostolische Konstitution "Pastor bonus" vom 28.6.1988.[48]

---

45 Vgl. hierzu A. Cattaneo, Der ekklesiologische Ort der römischen Kurie, 116 ff.

46 Vgl. W. Plöchl, Geschichte des Kirchenrechts, Bd. III, 144-182.

47 AAS 59 (1967), 885-928; lat.-dt. Ausgabe in: NKD 19, 63-147.

48 AAS 80 (1988), 841-934; vgl. hierzu den Kommentar von O. Stoffel, in: MK 360 (17. Erg. - Lfg., April 1992).

Da der CIC/1983 die wichtigsten Behördentypen der Römischen Kurie lediglich aufzählt und im übrigen auf das für die Kurie geltende Sonderrecht hinweist, ist die konkrete Gestalt der Römischen Kurie nicht dem Codex, sondern der Apostolischen Konstitution "Pastor bonus" zu entnehmen. Hiernach heben sich folgende Einrichtungen voneinander ab:

1. Das *Staatssekretariat* (PastBon Art. 39-47) ist eine zentrale Behörde innerhalb der Kurie, der eine Vorrangstellung vor den einzelnen Kongregationen zukommt. Sie wird geleitet vom Kardinalstaatssekretär und umfaßt zwei Sektionen. Die erste Sektion (für allgemeine Angelegenheiten) ist unmittelbar auf den Papst bezogen und regelt dessen täglichen Dienst. Zu ihrem Aufgabenbereich gehört u.a.: außerordentliche Angelegenheiten, die die Kompetenz einzelner Behörden überschreiten, Pflege der Beziehungen zwischen den kurialen Behörden und deren Koordination, Präsenz und Tätigwerden des Apostolischen Stuhles bei internationalen Organisationen, Vorbereitung päpstlicher Dokumente, Publikation der Acta Apostolicae Sedis (AAS), Kontakt mit der Presse. Die zweite Sektion (für die Beziehungen mit den Staaten)[49] befaßt sich z.B. mit dem Konkordatsrecht, mit der Pflege der (diplomatischen) Beziehungen zu den Staaten und den anderen Gesellschaften des öffentlichen Rechts, mit der Übertragung von Teilkirchen sowie mit der Errichtung oder Veränderung von Teilkirchen und Teilkirchenverbänden.

2. Die *Kongregationen* (PastBon Art. 48-116) sind die nach Sachgebieten untergliederten Verwaltungsorgane der römischen Kurie, die kollegial verfaßt sind und von einem Kardinalpräfekten geleitet werden (vgl. Art. 3 f., 11). Die wichtigsten Aufgaben der einzelnen Kongregationen werden im folgenden stichwortartig festgehalten:

   - *Kongregation für die Glaubenslehre* (früher: Hl. Offizium): Glaubensschutz, Förderung der theologischen Studien, Überwachung und Prüfung des Schrifttums und neuer Lehrmeinungen,[50] Prüfung von Vergehen gegen

[49] In c. 360 ist diese Behörde (unter dem Titel: Für die öffentlichen Angelegenheiten der Kirche) noch deutlicher vom Staatssekretariat unterschieden.

[50] Siehe P. Krämer, Kirchenrecht I, 57-61, ders., Kirche und Bücherzensur, 76-80.

Glauben und Sitten und gegebenenfalls Feststellung oder Verhängung der kanonischen Sanktionen, Entscheidung in allen Fragen des "privilegium fidei" (Auflösung einer nichtsakramentalen Ehe); der Glaubenskongregation sind die Päpstliche Bibelkommission und die Internationale Theologische Kommission zugeordnet.

- *Kongregation für die Orientalischen Kirchen*: Behandlung und Beurteilung aller Personal- und Sachfragen, die die katholischen-orientalischen Kirchen betreffen (von den in Art. 58 § 2 genannten Ausnahmen abgesehen).
- *Kongregation für den Gottesdienst und die Ordnung der Sakramente*: Regelung und Förderung der Liturgie, Gewährleistung der Sakramentenordnung hinsichtlich ihres gültigen und erlaubten Vollzugs, Überprüfung liturgischer Texte und deren Übersetzungen, Auflösung einer nichtvollzogenen Ehe, Ungültigkeitserklärung einer sakramentalen Weihe.
- *Kongregation für die Selig- und Heiligsprechungsverfahren*: Durchführung der entsprechenden Verfahren nach einer besonderen Ordnung,[51] Entscheidung über Echtheit und Aufbewahrung von Reliquien.
- *Kongregation für die Bischöfe*: Errichtung und Änderung von Teilkirchen, Ernennung von Bischöfen, Prüfung der bischöflichen Amtsführung, Apostolische Visitationen, Aufsicht über Partikularkonzilien, Errichtung von Bischofskonferenzen und Überprüfung der für diese geltenden Statuten; der Bischofskongregation ist die Kommission für Lateinamerika angegliedert.
- *Kongregation für die Evangelisierung der Völker*: Leitung und Koordinierung der Missionstätigkeit, Förderung von Studien zur Missionstheologie, Aufsicht über die Missionsgebiete.
- *Kongregation für den Klerus*: Prüfung der Fragen, die Leben, Disziplin, Rechte und Pflichten der Kleriker betref-

---

[51] Vgl. Papst Johannes Paul II., Apostolische Konstitution zur Durchführung von Kanonisationsverfahren "Divinus Perfectionis Magister" vom 25.1.1983, in: AAS 75 (1983), 349-355; mit deutscher Übersetzung auch abgedruckt in: CIC/1983, lat.-dt. Ausgabe, S. LXVI-LXXXVII; hierzu W. Schulz, Das neue Selig- und Heiligsprechungsverfahren, 49-153.

fen, Förderung der katechetischen Unterweisung, Approbation von Katechismen und anderen für die Katechese nützlichen Schriften, Behandlung von Problemen, die die Priester- und Pastoralräte, Pfarreien, Kirchen und die Verwaltung kirchlicher Güter betreffen.

- *Kongregation für die Institute des geweihten Lebens und für die Gesellschaften des apostolischen Lebens*: Förderung des Lebens nach den evangelischen Räten und der Tätigkeit der Gesellschaften des apostolischen Lebens, Errichtung oder Approbation von Religioseninstituten, Säkularinstituten und Gesellschaften des apostolischen Lebens, Überprüfung einer entsprechenden Errichtung durch den Diözesanbischof, Befreiung von Gelübden, Entlassung von Mitgliedern.

- *Kongregation für die Seminare und Studieneinrichtungen*, die nach wie vor zutreffender auch als Kongregation für das katholische Bildungswesen bezeichnet wird: Aufsicht über die Seminare, Errichtung überdiözesaner Seminare, Förderung katholischer Schulen und Universitäten, Errichtung oder Approbation kirchlicher Universitäten und Fakultäten, Überprüfung der entsprechenden Statuten.

3. Die Römische Kurie verfügt über drei *Gerichtshöfe* (PastBon Art. 117-130): Apostolische Signatur, Römische Rota, Apostolische Pönitentiarie; letztere ist keine Gerichtsbehörde im strengen Sinn, da sie es mit dem "forum internum", mit dem inneren, sakramentalen und nichtsakramentalen Rechtsbereich zu tun hat und für die Gewährung von Absolutionen und Dispensen oder die Umwandlung von Verpflichtungen zuständig ist.

   Die Apostolische Signatur stellt den obersten Gerichtshof der Kirche dar. Sie urteilt gemäß c. 1445 unter anderem über Nichtigkeitsbeschwerden gegen Urteile der Rota. Im Unterschied zur Berufung wird durch ihr Tätigwerden keine neue Instanz eröffnet, sondern ein Urteil nur in formal-rechtlicher Hinsicht überprüft; wird es aus formal-rechtlichen Gründen aufgehoben, so geht die Sachprüfung wieder an die Rota zurück. Außerdem ist die Signatur oberste Verwaltungsbehörde bezüglich der Gerichtsorganisation oder der Errichtung von überdiözesanen Gerichten. Darüber hinaus befindet sie über Kompetenzkonflikte innerhalb der Kurialbehörden und urteilt gegen Beschwerden bezüglich Verwaltungsakten, die von Behörden der Römischen Kurie gesetzt oder gebilligt worden sind. Fühlt sich jemand durch eine Verwaltungsmaßnahme in seinen subjektiven Rechten beeinträchtigt, kann er Verwaltungsbeschwerde bei der zuständigen römischen Kongregation einlegen; wird diese Beschwerde negativ beschieden, kann der Verwaltungsgerichtsweg bei der Apostolischen Signatur beschritten werden.

Die Römische Rota muß Sorge tragen für die Einheitlichkeit in der Rechtssprechung; ihren Urteilen kommt eine Vorbildfunktion für die unteren Gerichte zu. Sie ist vor allem ordentliches Berufungsgericht in zweiter Instanz, wenn ein Sachverhalt erstinstanzlich anderswo bereits entschieden ist und durch rechtmäßige Berufung an den Apostolischen Stuhl herangetragen wird, in dritter und höherer Instanz, wenn ein Sachverhalt von der Rota selbst und anderen Gerichten bereits entschieden ist, ohne daß das früher ergangene Urteil schon rechtskräftig geworden ist; in erster Instanz wird die Rota nur tätig, wenn die Bedingungen des c. 1444 § 2 bzw. PastBon Art. 129 erfüllt sind.

4. Bei den Päpstlichen Räten (PastBon Art. 131-170) handelt es sich weniger um oberste Verwaltungsbehörden als um Organe der Beratung und der Kontaktnahme; sie richten sich in pastoraler Sorge vor allem nach außen auf die Probleme der menschlichen Gesellschaft. Die Apostolische Konstitution "Pastor bonus" kennt zwölf Räte; vgl. z.B. Päpstlicher Rat für die Laien, für die Familie, für Gerechtigkeit und Frieden, Päpstlicher Rat zur Förderung der Einheit der Christen, für den interreligiösen Dialog, für den Dialog mit den Nichtglaubenden. Unter kirchenrechtlichem Aspekt ist insbesondere der Päpstliche Rat für die Interpretation von Gesetzestexten zu nennen (PastBon Art. 154-158). Dieser Rat wurde am 2.1.1984 von Papst Johannes Paul II. mit dem MP "Recognito Iuris Canonici Codice" errichtet.[52] Ihm obliegt vor allem die authentische Interpretation gesamtkirchlicher Gesetze und die auf Anfrage zu erfolgende Prüfung, ob teilkirchliche Gesetze und allgemeine Dekrete, die von Gesetzgebern unterhalb der höchsten Au-

52 AAS 76 (1984), 433 f.; CIC/1983, lat.-dt. Ausgabe, S. XC-XCIII.

torität erlassen worden sind, mit den gesamtkirchlichen Gesetzen übereinstimmen oder nicht.

5. Zur Römischen Kurie gehören verschiedene *Ämter* (PastBon Art. 171-179), die sich mit wirtschaftlichen und finanziellen Angelegenheiten befassen. Andere Einrichtungen (Art. 180-182) gehören im eigentlichen Sinn nicht zu den Behörden der römischen Kurie (vgl. Art. 2 § 3) oder sind der Kurie nur lose angegliedert (Art. 186-193), leisten für diese aber wichtige Dienste: Vatikanisches Geheimarchiv, Bibliothek, Päpstliche Akademie der Wissenschaften, Vatikanische Verlagsbuchhandlung, Osservatore Romano, Radio Vatikan, Vatikanisches Fernsehzentrum u.a.

3.2 Die päpstlichen Gesandten

Das päpstliche Gesandtschaftswesen reicht bis in die frühe Kirche zurück.[53] Hierfür waren folgende Entwicklungen maßgebend:

a) päpstliche Gesandte auf partikularen Synoden und allgemeinen Konzilien,

b) ständige Geschäftsträger des Papstes am kaiserlichen Hof in Konstantinopel von Papst Leo I. (440-461) an,

c) Ortsbischöfe als apostolische Vikare (mit besonderen Vollmachten),

d) Missionare mit weitreichenden Befugnissen, z.B. Augustinus (Erzbischof von Canterbury, gest. 604) für die angelsächsische Mission, Bonifatius für die germanischen Länder (Titel: Apostolischer Legat).

Unter den Reformpäpsten des 11. Jahrhunderts erlebte das Legatenwesen einen kräftigen Aufschwung. Den Legaten oblag die Durchführung der Reform, indem sie – zumeist als Kardinäle – die verschiedenen Reformsynoden leiteten und besonders einflußreich die politischen Interessen des Papstes vertraten. Im 12. Jahrhundert

---

[53] Zur historischen Entwicklung insgesamt vgl. W. Plöchl, Geschichte des Kirchenrechts, Bd. I, 141-145, 323-325, Bd. II, 108-112, Bd. III, 182-191; K. Ganzer, Das päpstliche Gesandtschaftswesen, 9-16.

bildeten sich einzelne Klassen heraus:[54] "legati a latere"– höchste Stufe, "alter ego" des Papstes; "legati nati" – mit Bischofssitzen verbundene Titel, heute nur noch ein Ehrentitel (z.B. Köln, Salzburg); "legati missi" – päpstliche Gesandte, die zur Vertretung des Apostolischen Stuhles (v.a. bei den Staaten) bevollmächtigt waren.

Eine neue Phase wurde im 15./16. Jahrhundert mit der Ausbildung der Nuntiaturen (parallel zur Entwicklung des Gesandtschaftswesens im staatlichen Bereich) eingeleitet. Die Nuntien hatten zunächst politische, dann aber auch kirchliche Aufgaben wahrzunehmen. Auf dem Konzil von Trient war ein heftiger Streit über die Rechtsstellung der Nuntien entbrannt, der dahingehend entschieden wurde, daß die Nuntien nur dann in die bischöfliche Jurisdiktion eingreifen dürfen, wenn die Bischöfe in der Wahrnehmung ihrer Aufgaben nachlässig sind. In der Folgezeit wurden die Nuntien zunehmend (v.a. seit Papst Gregor XIII., 1572-1585) in den Dienst der Gegenreformation hineingenommen. Da ihnen (zusammen mit den Ortsbischöfen) die Sorge für die Durchführung der Beschlüsse des Trienter Konzils zufiel, wurden sie mit zahlreichen jurisdiktionellen Vollmachten ausgestattet; dadurch wurde der päpstliche Zentralismus verstärkt und der Keim für spätere Auseinandersetzungen gelegt. Denn in der zweiten Hälfte des 18. Jahrhunderts wandten sich die Metropoliten mehrfach gegen jedwede geistliche Jurisdiktionsausübung der Nuntien; diese sollten allein diplomatische Aufgaben erfüllen. Die Bischöfe versagten jedoch den Metropoliten ihre Gefolgschaft, da sie von einem erstarkten Metropolitentum eine größere Beeinträchtigung ihrer Freiheit befürchteten als durch die Nuntien. Der Ausbruch der Französischen Revolution beendete den Nuntiaturenstreit.

Eine Resonanz der geschichtlichen Entwicklungen findet sich wohl in dem Wunsch des II. Vatikanischen Konzils, "daß unter Berücksichtigung des den Bischöfen eigenen Hirtenamtes das Amt der päpstlichen Legaten genauer abgegrenzt werde" (CD 9,2). Da das Konzil insgesamt und im unmittelbaren Kontext zu der angeführten Stelle (vgl. CD 8) darum bemüht war, die rechtliche Stellung des Bischofs aufzuwerten, kann die geforderte Abgrenzung des den Legaten übertragenen Amtes nur eine Einschränkung und Begrenzung beinhalten.[55] Außerdem hat das Konzil eine stärkere Internationa-

---

54 Vgl. hierzu K. Walf, Die Entwicklung des päpstlichen Gesandtschaftswesens, 12-36.

55 Vgl. H. Schmitz, Kommentar zu dem Motuproprio über die Päpstlichen Gesandten, 17 ff.; H. Socha, "Helfer und Schützer der Bischöfe", 67-75.

lisierung der päpstlichen Gesandten gefordert (CD 10,1). Während diesem Wunsch in der Nachkonzilszeit weitgehend entsprochen wurde, ist der Aufgabenbereich des Legaten allerdings eher erweitert als eingeschränkt worden. Dies geht aus dem MP "Sollicitudo omnium ecclesiarum" hervor, das Papst Paul VI. am 24.6.1969 erlassen hat.[56] Hierin wird die Bedeutung der päpstlichen Gesandten nachdrücklich betont, wobei zugleich eine Vielzahl an Funktionen angeführt wird, die im früheren Gesetzbuch so noch nicht enthalten waren.

Das Motuproprio Papst Paul VI. ist durch den CIC/1983 nicht aufgehoben worden, da dieses Gesetzbuch das Recht der päpstlichen Gesandten nicht umfassend geordnet hat (vgl. c. 6 § 1 n. 4). Zu begrüßen ist freilich, daß der CIC/1983 nicht mehr auf die überholte, schon vom Vaticanum II vernachlässigte Lehre von der Kirche als einer "societas perfecta" zurückgegriffen hat; gerade diese Lehre aber wurde im Motuproprio noch zur Begründung des päpstlichen Gesandtschaftswesens herangezogen.[57]

Unter päpstlichen Gesandten sind, wie das MP "Sollicitudo omnium ecclesiarum" hervorhebt, Geistliche – zumeist im Bischofsamt – zu verstehen, "denen der Papst den Auftrag erteilt, ihn auf ständige Weise in den verschiedenen Nationen oder Regionen der Welt zu vertreten" (n. I, 1). Auch wenn diese Umschreibung in den CIC/1983 nicht übernommen worden ist, steht sie doch hinter dem ganzen Abschnitt, der sich mit den päpstlichen Gesandten befaßt (cc. 362-367).

Das Recht des Papstes, Gesandte zu ernennen und zu entsenden, wird in c. 362 als ein "angeborenes und unabhängiges Recht" bezeichnet, d.h. als ein Recht, das ursprünglich mit dem Papstamt selbst gegeben ist und in der Wahrnehmung nicht von anderen Autoritäten abhängt. Es liegt in der universalen Sendung des Papstes begründet, die Einheit der Kirche zu wahren und zu fördern. Das päpstliche Gesandtschaftswesen soll in erster Linie der Verbindung des Papstes mit den Teilkirchen, mit den Bischöfen und Gläubigen dienen; dieser religiös-kirchlichen Aufgabe ist die Pflege der politisch-diplomatischen Beziehungen zu den Staaten nachgeordnet. Entsprechend der Aufgabenstellung sind gemäß c. 363 § 1 zwei Arten von ständigen Gesandten zu unterscheiden: solche, die nur zu den Teilkirchen, und solche, die darüber hinaus auch zu den Staaten entsandt werden. Zu den päpstlichen Gesandten gehören auch jene, die

---

[56] AAS 61 (1969), 473-484; mit deutscher Übersetzung in: NKD 21, 40-67.

[57] Vgl. NKD 21, 46 f.

als Geistliche oder Laien im Auftrag des Papstes an internationalen Organisationen, an Konferenzen und Kongressen teilnehmen (vgl. c. 363 § 2); diese "werden Delegaten oder Beobachter genannt, je nachdem der Heilige Stuhl Mitglied der internationalen Organisation ist oder nicht und je nachdem er an einer Konferenz mit oder ohne Stimmrecht teilnimmt".[58] Schließlich gehören zu den päpstlichen Gesandten noch Kardinäle, wenn sie gemäß c. 358 als "legati a latere" oder als Sondergesandte vom Papst mit bestimmten Aufgaben betraut werden.

Die päpstlichen Gesandten haben hauptsächlich die Aufgabe, für die Einheit zwischen dem Apostolischen Stuhl und den Ortskirchen Sorge zu tragen. Im einzelnen gehört hierzu (vgl. c. 364): Information des Apostolischen Stuhles über die Lage der jeweiligen Teilkirchen, Unterstützung der Bischöfe, Pflege der Beziehungen mit der Bischofskonferenz, Mitwirkung bei der Bischofsernennung, Zusammenarbeit mit den Bischöfen zur Förderung des interkonfessionellen und interreligiösen Dialogs. Da die Aufgabenstellung des päpstlichen Legaten nicht auf innerkirchliche Angelegenheiten eingeschränkt werden kann, wird schon in diesem Zusammenhang eigens der Einsatz für Probleme des Friedens, der Entwicklung und der Zusammenarbeit der Völker genannt (n. 5) und auf den Kontakt mit den Staatsregierungen zur Wahrnehmung kirchlicher Interessen hingewiesen (n. 7).

Um Konflikte zwischen den päpstlichen Gesandten und den Ortsbischöfen möglichst zu vermeiden, wird in c. 364 n. 2 ausdrücklich festgestellt, daß die Ausübung der den Bischöfen eigenen Vollmacht unangetastet bleiben muß. Mit anderen Worten: Die päpstlichen Legaten dürfen nicht unmittelbar in die Leitung der Diözesen eingreifen; vielmehr sollen sie den Bischöfen mit Rat und Tat zur Seite stehen. Treffend wird dies in der Apostolischen Konstitution "Sollicitudo omnium ecclesiarum" zum Ausdruck gebracht, wenn sie in der Einleitung hervorhebt: "Das Amt des Legaten steht nicht über der Vollmacht des Bischofs noch ersetzt oder beeinträchtigt es die-

[58] MP "Sollicitudo omnium ecclesiarum", II, 1. Für die besonderen Legaten nach c. 363 § 2 gilt also nicht die Einschränkung, daß nur Geistliche mit diesem Amt betraut werden können. Ohnehin müßte stärker die Möglichkeit geschaffen werden, daß in diesem Bereich Laien, insbesondere wenn es sich um die Pflege politisch-diplomatischer Beziehungen handelt, tätig werden können; dabei ist die in n. II, 1 vorgenommene Einschränkung auf männliche Laien uneinsichtig und widerspricht cc. 208, 228 § 1 CIC.

se, im Gegenteil, er schützt und stärkt sie durch brüderlich-klugen Rat."[59]

Auch für einen päpstlichen Gesandten, der zugleich eine Vertretung bei den Staaten gemäß den Normen des internationalen Rechtes wahrnimmt, gelten die in c. 364 aufgezählten Einzelverpflichtungen. Darüber hinaus ist ihm die Pflege und Förderung der Beziehungen zwischen dem Apostolischen Stuhl und den Staatsautoritäten aufgetragen; hierzu gehören die vielfältigen Fragen, die das Verhältnis Kirche-Staat in einem bestimmten Gebiet betreffen, insbesondere der Abschluß und die Durchführung von Konkordaten und anderen Vereinbarungen (c. 365 § 1). In diesem Zusammenhang wird betont, daß der päpstliche Gesandte, sofern die Umstände es als ratsam erscheinen lassen, verpflichtet ist, das Urteil und den Rat der Bischöfe in dem betreffenden Wirkungsbereich einzuholen und sie über den Verlauf der Angelegenheiten zu unterrichten (c. 365 § 2).

Bei der konkreten Ausgestaltung des Verhältnisses zwischen Kirche und Staat, auch durch die Pflege politisch-diplomatischer Beziehungen, ist die Lehre des II. Vatikanischen Konzils zu berücksichtigen und gleichsam als Kommentar zu c. 365 heranzuziehen, die besagt, daß die Kirche in keiner Weise mit einer politischen Gemeinschaft verwechselt werden darf und an kein politisches System gebunden ist; denn sie versteht sich als "Zeichen und Schutz der Transzendenz der menschlichen Person" (GS 76,2). Gleichwohl ist die Kirche zur Zusammenarbeit mit der politischen Gemeinschaft bereit, da beide – "auf je ihrem Gebiet voneinander unabhängig und autonom" (GS 76,3) – zum Dienst, wenn auch mit unterschiedlicher Begründung, an ein und demselben Menschen berufen sind.

Die politisch-diplomatische Aufgabenstellung des päpstlichen Gesandten weist darauf hin, daß der Apostolische Stuhl in der internationalen Staatenwelt als Völkerrechtssubjekt anerkannt ist und als solches das Recht beansprucht, sich durch eigene Gesandte bei Staaten (und internationalen Organisationen) vertreten zu lassen (aktives Gesandtschaftsrecht) und Gesandte dieser Staaten bei sich selbst zu akkreditieren (passives Gesandtschaftsrecht).[60] "Dieses aktive und passive Gesandtschaftsrecht des Apostolischen Stuhls ist historisch gewachsen. Als einzige unter allen Religionsgemeinschaften der Welt ist die römisch-katholische Kirche dauerndes und aktives

[59] NKD 21, 47.

[60] Vgl. H.F. Köck, Die völkerrechtliche Stellung des Heiligen Stuhls, 261-310.

Völkerrechtssubjekt, ausgestattet mit einer souveränen Regierung. Völkerrechtlich gesehen stellt der Apostolische Stuhl die Verkörperung der Kirche dar, die ihm zukommenden Rechte und Pflichten sind Rechte und Pflichten der Kirche selbst, deren Völkerrechtssubjektivität keineswegs an die Existenz eines souveränen Kirchenstaates oder heute des Vatikanstaates gebunden ist".[61]

[61] P. Mikat, Die päpstlichen Gesandten, 296.

Teil IV
Ortskirchenfamilien

Die einzelnen Ortskirchen sind nicht völlig selbständige Gebilde; sie stehen nicht mehr oder weniger beziehungslos einander gegenüber, sondern sind – entsprechend den jeweiligen zeitlichen und örtlichen Bedingungen – zu einer Anzahl von Gemeinschaften zusammengewachsen, die organisch miteinander verbunden sind (vgl. LG 23,4). Deshalb kann man von Ortskirchenverbänden oder Ortskirchenfamilien sprechen, in denen es eine eigene Disziplin, eine eigene Liturgie und ein eigenes theologisches und geistliches Erbe gibt. "Diese einträchtige Vielfalt der Ortskirchen zeigt in besonders hellem Licht die Katholizität der ungeteilten Kirche" (LG 23,4). In den Ortskirchenverbänden sind die Bischöfe benachbarter Kirchen in enger Weise miteinander verbunden und nehmen pastorale Aufgaben gemeinschaftlich wahr. Das Zusammenwachsen benachbarter Kirchen läßt sich bis in die frühe Kirche (Patriarchate, Kirchenprovinzen) zurückverfolgen, und ist vor allem durch eine rege Synodentätigkeit gefördert worden. Neu ist dagegen die Einrichtung der Bischofskonferenz, die zusammen mit den ihr zugeordneten Teilkirchen als eine den heutigen Erfordernissen entsprechende Gestalt einer Ortskirchenfamilie bestimmt werden kann.

Der Abschnitt des kirchlichen Gesetzbuches, der sich mit den Ortskirchenverbänden befaßt (cc. 431-459), läßt in systematischer Hinsicht einen klaren Aufbau vermissen. Deshalb soll hier versucht werden, den gesamten Stoff um die Begriffe "Kirchenprovinz" und "Kirchenregion" zu gruppieren, wobei "Kirchenregion" in einen umfassenderen Sinn als im CIC/1983 gebraucht wird.

1 Kirchenprovinz

Benachbarte Ortskirchen sind in einer Kirchenprovinz enger miteinander verbunden, um die pastorale Tätigkeit zu fördern und die Zusammenarbeit der Bischöfe zu intensivieren; deshalb darf es in der Regel keine exemten Diözesen geben, d.h. Teilkirchen, die von der Einordnung in eine Kirchenprovinz ausgenommen und unmittelbar dem Apostolischen Stuhl unterstellt sind (vgl. c. 431 §§ 1-2). Hieraus wird ersichtlich, daß der Gesetzgeber der Kirchenprovinz eine große Bedeutung beimißt, weshalb auch ihre Errichtung, Veränderung oder Aufhebung allein der höchsten kirchlichen Autorität vorbehalten ist (c. 431 § 3). Organe der Kirchenprovinz, die von Rechts wegen juristische Person ist, sind Metropolit und Provinzialkonzil (c. 432); letzteres stellt neben dem Plenarkonzil eine besondere Form der Partikularkonzilien dar.

1.1 Metropolit

Vorsteher einer Kirchenprovinz ist der Metropolit, der den Titel "Erzbischof" führt. Sein Amt umfaßt gewisse Aufsichtsrechte über die Diözesen bzw. Bischöfe (Suffraganbischöfe), die zur Kirchenprovinz gehören, und ist mit einem bestimmten Bischofssitz verbunden (vgl. cc. 435 f.). Die Aufsichtsrechte beziehen sich auf die Bewahrung des Glaubens und der kirchlichen Disziplin und beinhalten im einzelnen:

- Benachrichtigung des Papstes über etwa eingetretene Mißbräuche im Bereich der Kirchenprovinz, z.B. bei unrechtmäßiger Abwesenheit eines Bischofs von seiner Diözese (c. 395 § 4) und bei Eintritt einer Kirchenstrafe, durch die ein Diözesanbischof an der Ausübung seines Amtes gehindert ist (c. 415).
- Durchführung einer kanonischen Visitation (c. 396), deren Notwendigkeit vom Apostolischen Stuhl anerkannt ist (c. 436 n. 2), wenn diese vom zuständigen Suffraganbischof unterlassen wurde.
- Bestellung eines Diözesanadministrators, wenn diese nicht oder nicht rechtmäßig innerhalb bestimmter Fristen erfolgt ist (vgl. cc. 421, 425).[1]

In diesem Zusammenhang betont das Gesetzbuch, daß der Titel eines Patriarchen und eines Primas in der lateinischen Kirche nur ein Ehrentitel ist, der keine Leitungsvollmacht mit sich bringt (c. 438). Im Unterschied hierzu verfügt der Patriarch in den katholisch-orientalischen Kirchen über echte Leitungsvollmacht, die er

[1] Wenn die Metropolitankirche selbst vakant ist, fällt das Recht der Bestellung eines Diözesanadministrators unter den genannten Bedingungen dem dienstältesten Suffraganbischof zu (c. 421 § 2).

nach jeweiligem Recht zusammen mit der Patriachalsynode bzw. ständigen Synode ausübt (cc. 56, 102-120 CCEO).[2]

1.2 Provinzialkonzil

Unter einem Provinzialkonzil ist ein Konzil für die verschiedenen Teilkirchen ein und derselben Kirchenprovinz zu verstehen (c. 440 § 1), in welchem gemäß c. 443 Bischöfen ein entscheidendes, anderen Gläubigen (Klerikern, Ordenschristen, Laien) nur ein beratendes Stimmrecht zukommt. Das Provinzialkonzil verfügt über Leitungsvollmacht vor allem im Bereich der Gesetzgebung (c. 445); diese kann freilich (zumindest in vollem Umfang) nur von denen ausgeübt werden, die am Konzil mit entscheidendem Stimmrecht teilnehmen. Weil die dem Provinzialkonzil zukommende Gesetzgebungsbefugnis nicht in Einzelkompetenzen näher aufgelistet wird, ist mit ihr (etwa im Unterschied zur Bischofskonferenz) eine umfassende Zuständigkeit gegeben, die allerdings unter dem Vorbehalt des allgemeinen Rechts der Kirche steht.

Die Hinordnung des Provinzialkonzils auf die Gesamtkirche wird insofern deutlich, als alle Konzilsakten dem Apostolischen Stuhl übersandt werden müssen, dem die Aufgabe zufällt, die vom Konzil beschlossenen Dekrete zu überprüfen (c. 446); mit dieser Überprüfung werden die Konzilsbeschlüsse nicht zu päpstlichen Gesetzen, auch dann nicht, wenn mit der Bestätigung bestimmte Auflagen verbunden werden. Alle wichtigen Entscheidungen (Einberufung, Festlegung der Geschäftsordnung und der Beratungsgegenstände, Verlegung, Vertagung und Beendigung des Konzils) hängen allein vom Metropoliten (zusammen mit den Suffraganbischöfen) ab, dem auch die Leitung des Konzils obliegt (c. 442). Deshalb kann man sagen, daß sich das Provinzialkonzil gegenüber dem Apostolischen Stuhl eine relativ große Eigenständigkeit bewahrt hat.

Eine Änderung gegenüber der früheren Rechtslage besteht darin, daß vom Provinzialkonzil (wie auch von der Diözesansynode) Laien nicht mehr ausgenommen sind, wenngleich ihre Zahl sehr eingeschränkt ist und ihnen nur ein beratendes Stimmrecht zusteht. Zwar ist von Laien in diesem Zusammenhang nicht ausdrücklich die Rede; sie sind aber unter den "anderen Gläubigen" (c. 443 § 4) bzw. unter den Vertretern der Pastoralräte (c. 443 § 5) mitgemeint. Wie

---

[2] Vgl. G. Nedungatt, Synodalität in den katholischen Ostkirchen, 398-408.

eingeschränkt die Anzahl der möglichen Laienmitglieder tatsächlich ist, geht aus der Bestimmung hervor, daß die am Provinzialkonzil teilnehmenden Laien (zusammen mit den Priestern) nicht die Hälfte der Anzahl der in c. 443 §§1-3 aufgeführten Mitglieder (Bischöfe, General- und Bischofsvikare, höhere Obere von Ordensinstituten usw.) übersteigen darf. Diese kleinliche Festlegung wirkt störend, wenn man sich um eine Reform des Provinzialkonzils bemüht, zumal c. 443 § 4 nur eine Kann-Bestimmung (andere Gläubige *können* eingeladen werden) darstellt und als Vertreter der Pastoralräte nach c. 443 § 5 auch Priester und Ordenschristen entsandt werden können. Daher ist um so mehr zu bezweifeln, ob diese Änderung für eine Wiederbelebung des Provinzialkonzils tatsächlich ins Gewicht fallen wird. Die Entwicklung nach dem II. Vatikanischen Konzil hat jedenfalls nicht zu einer Wiederbelebung geführt, und dies in deutlichem Unterschied zur Diözesansynode und zur Entstehung neuer Synodentypen. Von einer gewissen Skepsis gegenüber der Bedeutung eines Provinzialkonzils scheint der Gesetzgeber selbst erfüllt zu sein, wenn er früher aufgestellte Mindestfristen für die Abhaltung eines solchen Konzils gänzlich fallengelassen hat. Während das Konzil von Trient noch eine dreijährige Frist vorsah[3] und c. 283 CIC/1917 verlangte, daß zumindest alle 20 Jahre ein Provinzialkonzil einberufen werden sollte, stellt c. 440 § 1 CIC/1983 lapidar fest: "Ein Provinzialß-konzil ... soll so oft abgehalten werden, als es nach dem Urteil der Mehrheit der Diözesanbischöfe ... angebracht scheint."

2 *Kirchenregion*

Während die Bildung von Kirchenprovinzen verpflichtend vorgeschrieben ist, wird der Zusammenschluß von benachbarten Kirchenprovinzen zu Kirchenregionen in c. 433 nur als Möglichkeit erwähnt. Zuständig für die Errichtung einer Kirchenregion, die auch zur juristischen Person erhoben werden kann, ist der Apostolische Stuhl, wobei der jeweiligen Bischofskonferenz ein Vorschlagsrecht zukommt.

---

3 Vgl. W. Plöchl, Geschichte des Kirchenrecht, Bd. III, 208-218. Wie bedeutsam Provinzialkonzilien für die frühe Kirche gewesen sind, geht aus c. 5 des Konzils von Nicäa (325) hervor, wonach zweimal jährlich solche Konzilien stattfinden sollten (vgl. ebd., Bd. I, 150-152).

Nach der Konzeption des CIC/1983 ist die Kirchenregion eine Einrichtung zwischen Kirchenprovinz und Bischofskonferenz. An der Errichtung einer Kirchenregion ist die Bischofskonferenz beteiligt, ohne daß das Gebiet der Bischofskonferenz selbst als Kirchenregion bezeichnet wird. Deshalb ist in c. 434 auch nicht von einer Bischofskonferenz die Rede, sondern vom "Konvent der Bischöfe einer Kirchenregion". Dieser Konvent soll die Zusammenarbeit und das gemeinsame Handeln in einer Region fördern; er verfügt aber nicht über rechtliche Kompetenzen, wie sie einer Bischofskonferenz eigen sind, wenn ihm nicht einige Vollmachten vom Apostolischen Stuhl ausdrücklich gewährt worden sind.

Die Einschränkung in der Verwendung des Begriffs "Kirchenregion" ist nicht überzeugend. Sie ist weder im zugrundeliegenden Konzilstext (vgl. CD 40 Ziff. 3) noch in den Vorentwürfen zum CIC/1983 enthalten, in welchen das Gebiet einer Bischofskonferenz noch ganz selbstverständlich mit "Kirchenregion" und das in diesem Bereich stattfindende Konzil mit "Regionalkonzil", also nicht durch die herkömmliche Bezeichnung "Plenarkonzil", umschrieben worden war.[4] Die Abänderung bzw. Einschränkung von "Kirchenregion" hat zur Folge, daß für eine Bischofskonferenz der ekklesiologische Bezugsrahmen weggefallen ist; hinter dieser Entwicklung mögen Befürchtungen vor nationalkirchlichen oder episkopalistischen Tendenzen stehen, die aber sachlich nicht begründet sind. Widersprüchlich ist wohl auch die Regelung, daß das Organ der Kirchenregion, der Konvent der Bischöfe, ohne rechtliche Kompetenzen ist (c. 434) und ohne die Möglichkeit, ein Konzil auf dieser Ebene einzuberufen, während das Plenarkonzil sich auf den Bereich der Bischofskonferenz bezieht.

2.1 Plenarkonzil

Nach c. 439 § 1 ist unter dem Plenarkonzil die Kirchenversammlung für alle Ortskirchen ein und derselben Bischofskonferenz zu verstehen. Deshalb liegt die Entscheidung über die Abhaltung eines solchen Konzils in der Zuständigkeit der Bischofskonferenz, wobei allerdings – im Unterschied zum Provinzialkonzil – die Appro-

[4] Vgl. Schema PopDei, cc. 187, 199; Schema CIC/1980, c. 308; Schema CIC/1982, c. 433.

bation des Apostolischen Stuhles einzuholen ist[5]. Damit ist das Plenarkonzil stärker an den Apostolischen Stuhl gebunden als das Provinzialkonzil. Von dieser Tatsache abgesehen entspricht aber die Regelung des Plenarkonzils genau derjenigen des Provinzialkonzils; dies gilt insbesondere im Hinblick auf die mögliche, wenn auch schwach ausgeprägte Beteiligung von Laien, die Abstufung zwischen entscheidendem und beratendem Stimmrecht, die Überprüfung der Dekrete durch den Apostolischen Stuhl (vgl. cc. 443-446). Nach der früheren Rechtslage war das Plenarkonzil noch enger an den Apostolischen Stuhl gebunden. Lag nämlich nach c. 281 CIC/1917 Einberufung und Leitung allein in der Kompetenz eines päpstlichen Legaten, wird nunmehr ein Plenarkonzil von der betreffenden Bischofskonferenz einberufen, von der auch ein Vorsitzender aus den Reihen der Diözesanbischöfe zu wählen ist (vgl. c. 441 nn. 1 u. 3)[6].

Plenarkonzilien sind in der Neuzeit mehr oder weniger bedeutungslos geworden. Es muß – wie schon bei den Provinzialkonzilien – bezweifelt werden, ob durch die vorgenommenen Änderungen eine Wiederbelebung erzielt werden kann. Es scheint, daß in diesem Bereich der Impuls des II. Vatikanischen Konzils nicht hinreichend aufgegriffen worden ist, den das Bischofsdekret so formuliert hat: "Diese Heilige Ökumenische Synode wünscht, daß die ehrwürdigen Einrichtungen der Synoden und Konzilien mit neuer Kraft aufblühen; dadurch soll besser und wirksamer für das Wachstum des Glaubens und die Erhaltung der Disziplin in den verschiedenen Kirchen, entsprechend den Gegebenheiten der Zeit, gesorgt werden" (CD 36,2).

In diese Kritik ist auch die Tatsache einzubeziehen, daß die synodalen Neubildungen auf über- und interdiözesaner Ebene, die sich im Anschluß an das Zweite Vatikanische Konzil entwickelt haben, vom CIC/1983 nicht aufgenommen wurden. Allein im deutschen Sprachgebiet haben in der Nachkonzilszeit vier "Regionalsynoden" statt-

---

5 Dieselbe Regelung (Entscheidung der Bischofskonferenz, Approbation des Apostolischen Stuhles) gilt auch für ein Provinzialkonzil, wenn die Grenzen der Kirchenprovinz mit dem Gebiet der Nation zusammenfallen (c. 439 § 2).

6 Der von der Bischofskonferenz gewählte Vorsitzende ist nach c. 441 n. 3 durch den Apostolischen Stuhl zu bestätigen; hierin wirkt wohl noch die Tatsache nach, daß früher der Vorsitzende vom Apostolischen Stuhl unmittelbar bestellt wurde.

gefunden, die sich in Struktur und Aufgabenstellung untereinander und von den Plenarkonzilien nicht unerheblich unterscheiden[7]:

1. Gemeinsame Synode der Bistümer in der Bundesrepublik Deutschland, auch Würzburger Synode genannt (1971-1975).
2. Pastoralsynode der Jurisdiktionsbezirke in der DDR (1973-1975).
3. Österreichischer Synodaler Vorgang (1973-1974).
4. Gesamtschweizerische Synodalversammlungen (innerhalb der Synode 72)[8].

Hinter der regen Synodentätigkeit in der Nachkonzilszeit, zu der auch die vielen Diözesansynoden zu zählen sind, steht das vom Vaticanum II wiederentdeckte Verständnis von der Kirche als dem einen Volk Gottes, das die eine Sendung der Kirche – entsprechend den aufeinander bezogenen Diensten – gemeinsam wahrnimmt und verantwortet. Die wichtigsten Unterschiede zu den Plenarkonzilien bestehen in folgendem[9]:

- Die Synoden spiegeln in ihrer Zusammensetzung deutlicher alle Berufungen in der Kirche wider; daher ist der Anteil der Laien wesentlich höher, als dies bei Plenarkonzilien nach geltendem Recht möglich ist.
- In Beratung und Beschlußfassung tritt das Miteinander aller Synodenteilnehmer stärker in Erscheinung, wodurch ein starres Gegenüber von hierarchischen Amtsträgern und den übrigen Gliedern des Gottesvolkes überwunden werden konnte.[10]
- Vor allem in der Beratung gesamtkirchlich relevanter Fragen und der Abfassung von “Voten” an den Apostolischen Stuhl kommt eine gesamtkirchliche Ausrichtung der nachkonziliaren

---

7 Vgl. den Überblick bei K. Hartelt, Die Diözesan- und Regionalsynoden, 59-64.

8 Die in der Schweiz durchgeführte Synode 72 ist die Koordinierung verschiedener Diözesansynoden, die gleichzeitig in den einzelnen Diözesen stattfanden und gelegentlich im überdiözesanen Synodenversammlungen miteinander verknüpft wurden.

9 Ausführlicher hierzu: K. Hartelt, Die Diözesan- und Regionalsynoden, 87-199.

10 Vgl. hierzu auch A. Nees, Die erste Gemeinsame Synode, 159-179.

Synoden in den Blick; man begnügte sich also nicht damit, die Ergebnisse des Konzils für den eigenen Bereich fruchtbar zu machen, sondern wollte umgekehrt auch Impulse in die Gesamtkirche hinein geben.

Von der Würzburger Synode ist im Beschluß "Die Verantwortung des ganzen Gottesvolkes für die Sendung der Kirche" (IV, 2) ein Votum an den Papst gerichtet worden, "den Bistümern in der Bundesrepublik Deutschland das Recht zu geben, in jedem Jahrzehnt eine gemeinsame Synode durchzuführen".[11] Nach geltendem Recht ist ein solches Vorhaben nicht realisierbar. Es könnte verwirklicht werden, wenn die rechtlichen Bestimmungen über die Plenarkonzilien in Richtung auf die nachkonziliaren Regionalsynoden reformiert würden. Dann erhielten die Plenarkonzilien in der Verfassung und im Leben der Kirche wieder ein größeres Gewicht.

2.2 Bischofskonferenz

Die im vorigen Jahrhundert gewohnheitsrechtlich entstandenen Bischofskonferenzen[12] sind vom II. Vatikanischen Konzil ausdrücklich gutgeheißen und aufgewertet worden (CD 37). Hatten die Bischofskonferenzen bis dahin nur einen beratenden Charakter, wurde ihnen durch das Konzil zunächst in einer Einzelfrage (Einführung der Muttersprache in die Liturgie, SC 36 § 3), dann in einem weiteren Sinn (CD 38) Gesetzgebungskompetenz zuerkannt. Diese strukturelle Änderung im Rechtscharakter hat in das kirchliche Gesetzbuch Eingang gefunden, das sich in einem eigenen Abschnitt mit den Bischofskonferenzen befaßt (vgl. cc. 447-459 CIC).[13]

2.2.1 Theologischer Status

Obgleich die Bischofskonferenzen in der Geschichte der Kirche recht junge Einrichtungen darstellen, weisen sie auf ein Fundament hin, das den historischen Zeitpunkt ihrer Entstehung überschreitet. Im Anschluß an das II. Vatikanische Konzil können hierfür vor allem zwei Aspekte geltend gemacht werden:

---

11 Gemeinsame Synode, 673.

12 Vgl. R. Lill, Die ersten deutschen Bischofskonferenzen, bes. 14-80; P. Leisching, Die Bischofskonferenz, 76-248.

13 Im Recht der unierten Ostkirchen sind demgegenüber Bischofskonferenzen nicht vorgesehen, da dieses Recht in der Patriarchalsynode und in der Ständigen Synode über andere synodale Strukturformen verfügt.

- Das Zusammenwachsen verschiedener Ortskirchen, das entsprechend den jeweiligen Zeiterfordernissen ganz unterschiedliche Formen annehmen kann, ist kein nur soziologischer, sondern ein geistgewirkter Vorgang; in diesem Sinn spricht das Konzil von "divina Providentia" (LG 23,4), auch und gerade im Hinblick auf die Bischofskonferenzen. Zum Wesen der Ortskirche gehört ihre Verbindung mit anderen Ortskirchen, die zusammen eine Ortskirchenfamilie bilden, und ihre Einbindung in die "communio" der Gesamtkirche. Wenn auch die konkreten, geschichtlich variablen Ausdrucksgestalten einer Ortskirchenfamilie nur kirchlichen Rechts sind, haben sie dennoch als Verleiblichungen der Kirche ihr Fundament im göttlichen Recht.[14] Mit anderen Worten: Die Bischofskonferenzen (zusammen mit den zugehörigen Teilkirchen) sind Verleiblichungen der Kirche, die zur Erfüllung ihres Heilsauftrages in der heutigen Zeit nützlich, ja sogar notwendig sind, und rücken von daher in die Nähe des göttlichen Rechts.[15]

- Ausdrücklich spricht das Vaticanum II von der "kollegialen Natur und Beschaffenheit des Episkopates" (LG 22,1). Mit dieser Feststellung ist wohl in erster Linie das Bischofskollegium insgesamt angesprochen, das zusammen mit dem Papst Träger der höchsten Vollmacht in der Kirche ist. Doch wirkt sich die bischöfliche Kollegialität auch in vielen anderen Bereichen aus. Es gibt Teilverwirklichungen der bischöflichen Kollegialität, die die kollegiale Struktur des Bischofsamtes deutlich in Erscheinung treten lassen. Als einer solchen Teilverwirklichung kommt heute gerade der Bischofskonferenz eine besondere Bedeutung zu. Während die volle Verwirklichung der Kollegialität göttlichen Rechts ist, besitzen die Teilverwirklichungen "nicht die gleiche theologische Verbindlichkeit. Sie haben zwar ein theologisches Fundament; sie sind Zeichen und Werkzeug für die Verwirklichung der Kollegialität im vollen Sinn. Sie sind konkret aber nur kirchlichen Rechts."[16] Anders ausgedrückt: Die Bischofskonferenzen sind menschlich-

---

[14] Hierzu ausführlicher W. Kasper, Der theologische Status der Bischofskonferenz, 3 f.; P. Krämer, Theologisch-rechtliche Begründung der Bischofskonferenz, 403-406; H.J. Pottmeyer, Der theologische Status der Bischofskonferenz, 78 ff.

[15] Vgl. G. Greshake, "Zwischeninstanzen" zwischen Papst und Ortsbischöfen, 109 ff.

[16] W. Kasper, Zukunft aus der Kraft des Konzils, 92.

rechtliche Vermittlungen dessen, was im göttlichen Recht grundgelegt ist.

Das theologische Fundament der Bischofskonferenz tritt noch deutlicher ans Licht, wenn man davon ausgeht, daß das Bischofsamt nicht nur personal, sondern auch synodal angelegt ist. Die Synodalität des bischöflichen Amtes ist göttlichen Rechts, weil sie als eine konstitutive Dimension im Sakrament der Weihe selbst verankert ist.[17] Als solche verwirklicht sie sich in unterschiedlichen kirchlichen Kontexten: innerhalb der Ortskirche (vgl. z.B. Diözesansynode), im Hinblick auf die Gesamtkirche (Bischofssynode, Ökumensiches Konzil) und im Hinblick auf Ortskirchenverbände (Partikularkonzilien, Bischofskonferenz).

2.2.2 *Rechtliche Einordnung*

Das Gesetzbuch umschreibt die Bischofskonferenz als einen "Zusammenschluß der Bischöfe einer Nation oder eines bestimmten Gebietes, die gewisse pastorale Aufgaben für die Gläubigen ihres Gebietes nach Maßgabe des Rechts gemeinsam ausüben." (c. 447 CIC). Um eine Bischofskonferenz in rechtlicher Hinsicht erfassen zu können, ist sie von der höchsten Autorität in der Kirche[18] sowie von der Rechtsstellung des Diözesanbischofs[19] näher abzugrenzen.

Von der höchsten kirchlichen Autorität hängt nicht nur die Existenz, sondern auch der Aufgaben- und Kompetenzbereich der Bischofskonferenz ab, wie aus den folgenden Bestimmungen deutlich hervorgeht:

1. Allein der höchsten kirchlichen Autorität steht das Recht zu, Bischofskonferenzen zu errichten, aufzulösen oder zu verändern; zuvor müssen die betroffenen Bischöfe angehört werden (c. 449 § 1).[20]

---

[17] Vgl. L. Gerosa, Kirchliches Recht und Pastoral, 82 f.

[18] Vgl. P. Krämer, Das Verhältnis der Bischofskonferenz zum Apostolischen Stuhl, 256 ff.

[19] Vgl. H. Müller, Zum Verhältnis zwischen Bischofskonfernz und Diözesanbischof, 245-254.

[20] Das Gesetzbuch geht davon aus, daß eine Bischofskonferenz die Vorsteher aller Teilkirchen ein und derselben Nation umfaßt (c. 448 § 1); allerdings kann – nach dem Urteil des Apostolischen Stuhles – eine Bischofskonferenz auch für ein Gebiet mit größerer oder kleinerer Ausdehnung errichtet werden (c. 448 § 2; vgl. auch cc. 433, 434).

2. Dem Apostolischen Stuhl kommt es zu, die Statuten zu überprüfen, die jede Bischofskonferenz im Hinblick auf ihre Struktur und Arbeitsweise aufstellen muß (c. 451). Die inhaltliche Ausführung bleibt der Bischofskonferenz weitgehend überlassen. Zu beachten ist jedoch, daß nach einer Entscheidung des Päpstlichen Rates für die Interpretation von Gesetzestexten ein Auxiliarbischof nicht zum Vorsitzenden oder stellvertretenden Vorsitzenden einer Bischofskonferenz gewählt werden kann.[21]

3. Allgemeine Dekrete, die von einer Bischofskonferenz erlassen werden, bedürfen der Überprüfung durch den Apostolischen Stuhl, um Rechtskraft erlangen zu können (c. 455 § 2). Solche Dekrete setzen gemäß c. 455 § 1 voraus, daß die Bischofskonferenz aufgrund des allgemeinen Rechts oder einer besonderen Anordnung des Apostolischen Stuhles in der betreffenden Angelegenheit tätig zu werden vermag.

4. Der Apostolische Stuhl hat ein weitreichendes Informationsrecht. Denn nach c. 456 muß dieser in umfassender Weise über die Vollversammlung einer Bischofskonferenz, über ihre Verhandlungen und Dekrete unterrichtet werden.

5. Die Beziehungen zwischen den Bischofskonferenzen sollen gepflegt werden. Handelt es sich aber um Projekte oder Initiativen, denen ein internationaler Charakter eigen ist, muß der Apostolische Stuhl gehört werden (c. 459 § 2).

Der CIC von 1983 behandelt die Bischofskonferenzen im Zusammenhang mit den Teilkirchen und Teilkirchenverbänden, also nicht in dem Abschnitt, der sich mit der höchsten Autorität in der Kirche befaßt (cc. 330-367). Dies fällt um so mehr auf, als der CIC von 1917 entsprechende Zwischeninstanzen – von Bischofskonferenzen im heutigen Verständnis war hier noch nicht die Rede – der kirchlichen Höchstgewalt zugeordnet hatte.[22] Hinter dieser systematischen Änderung im CIC/1983 steht wohl die Einsicht, daß die Vollmacht, die in einer Bischofskonferenz wirksam wird, ihrem Inhalt

[21] Entscheidung vom 17.1.1988, abgedruckt und mit einem Kommentar von Kardinal R. Castillo Lara versehen, in: L'Osservatore Romano (dt.) vom 17.3.1989, 1,4; vgl. F. Kalde, Authentische Interpretationen, 24 f.

[22] Vgl. die Titelüberschrift vor c. 218 CIC/1917: "De suprema potestate deque iis qui eiusdem sunt ecclesiastico iure participes".

nach als bischöflich-teilkirchliche Vollmacht zu bestimmen ist und sich insofern nicht von der höchsten, sondern von der bischöflich-teilkirchlichen Autorität ableitet.[23] Der materiale Aspekt (bischöflich–teilkirchliche Vollmacht) weist wiederum auf das göttliche Recht hin, während der formale Aspekt (konkrete Einrichtung und Umschreibung einer Bischofskonferenz) kirchlichen Rechts ist und gänzlich dem Gestaltungswillen der Kirche unterliegt.

Das Verhältnis zwischen dem einzelnen *Bischof* (als dem Vorsteher einer Teilkirche) und der *Bischofskonferenz* ist nach zwei Seiten hin bedroht:

Zum einen besteht die Gefahr, daß das Bischofsamt in einem individualistischen Sinn verstanden und ausgeübt wird; dann tritt in unzulässiger Weise die Einbindung in die "communio" mit den anderen Bischöfen zurück. Die heute an die Seelsorge gestellten Aufgaben erfordern jedoch vielfach ein gemeinsames und gemeinschaftliches Vorgehen in einem einheitlichen soziokulturellen Raum.

Zum anderen könnten einer Bischofskonferenz zu viele Kompetenzen übertragen werden, was letztlich zu einer Aushöhlung des persönlich auszuübenden Bischofsamtes in der Kirche führen müßte; der einzelne Bischof wäre gleichsam in ein Gremium eingeschmolzen. Der Bischof steht jedoch im Namen Christi einer Teilkirche vor; er kann seine Eigenverantwortung für die ihm anvertraute Teilkirche nicht an ein Gremium abgeben.

Diesen Sachverhalten trägt das kirchliche Gesetzbuch von 1983 durch die unterschiedliche Bestimmung der Vollmacht, die einem einzelnen Bischof bzw. einer Bischofskonferenz zukommt, durchaus Rechnung. Im Hinblick auf das Bischofsamt stellt c. 381 § 1 fest: "Dem Diözesanbischof kommt in der ihm anvertrauten Teilkirche die ganze ordentliche, eigenberechtigte und unmittelbare Gewalt zu, die zur Ausübung seines Hirtendienstes erforderlich ist; ausgenommen ist, was von Rechts wegen oder auf Grund einer Anordnung des Papstes der höchsten oder einer anderen kirchlichen Autorität vorbehalten ist." Mit der "anderen kirchlichen Autorität" ist hier auch die Bischofskonferenz gemeint. Während dem Bischof eine umfassende Vollmacht zur Ausübung seines Hirtendienstes eigen ist, verfügt die Bischofskonferenz nicht über eine solche allgemeine Zuständigkeit. Ihre Zuständigkeit ist eingeschränkt auf "gewisse pastorale Aufga-

[23] Vgl. W. Aymans, Wesensverständnis und Zuständigkeiten der Bischofskonferenz, 46-48.

ben" (c. 447)[24], auf bestimmte Bereiche, in denen sie rechtsverbindlich tätig zu werden vermag.

2.2.3 *Aufgaben und Zuständigkeiten*

Um ihre Aufgaben zu erfüllen, kann eine Bischofskonferenz in unterschiedlicher Form tätig werden.[25] Dabei sollten in allen Beratungen und Entscheidungen auch andere Gläubige als Berater und Sachverständige herangezogen werden, um einen möglichst großen Konsens in der Glaubensgemeinschaft zu erreichen. Auf diese Möglichkeit wird in dem Abschnitt, der sich mit der Bischofskonferenz befaßt (cc. 447-459) nicht verwiesen; doch kann als Rechtsgrundlage hierfür insbesondere auf die cc. 212 §§ 2-3, 228 zurückgegriffen werden.

1. Allgemeine Dekrete

Eine Bischofskonferenz kann allgemeine Dekrete[26] erlassen, die für die ihr zugeordneten Ortskirchen rechtsverbindlich sind; dies unterstreicht erneut, daß die betreffenden Ortskirchen in enger Weise miteinander verbunden sind und gleichsam eine Ortskirchenfamilie bilden. Eine Bischofskonferenz kann allgemeine Dekrete aber nur in jenen Fällen erlassen, in denen sie von Rechts wegen oder aufgrund besonderer Beauftragung zuständig ist (vgl. c. 455 § 1). Außerdem ist erforderlich, daß ein entsprechendes Dekret wenigstens mit einer Zweidrittel–Mehrheit jener Mitglieder beschlossen wird, die der Bischofskonferenz mit entscheidendem Stimmrecht angehören[27](c. 455 § 2).

In Bereichen, in denen eine Bischofskonferenz keine Zuständigkeit hat, können keine rechtsverbindlichen Beschlüsse im Sinn allgemei-

---

[24] Im Gegensatz zum Konzilstext (CD 38,1) benutzt c. 447 CIC das Wort "munus" im Plural, um deutlich zu machen, daß es sich hier nur um Einzelbefugnisse handelt.

[25] Vgl. Statut der Deutschen Bischofskonferenz vom 22.2.1992, in: ABl. Limburg Nr. 1 vom 1. Januar 1993, 1 ff., Art. 8, 13-16.

[26] Allgemeine Dekrete sind gemäß cc. 20-30 im eigentlichen Sinn Gesetze; hierzu zählen nach c. 455 § 1 aber auch allgemeine Ausführungsdekrete gemäß cc. 31-33; vgl. PCI-Entscheidung vom 5.7.1985, in: AAS 77 (1985), 771, F. Kalde, Authentische Interpretationen, 10 f.

[27] Ob und in welchem Umfang den Auxiliarbischöfen in der Bischofskonferenz auch ein entscheidendes Stimmrecht zusteht, muß gemäß c. 454 in den jeweiligen Statuten geregelt werden.

ner Dekrete gefaßt werden. Hier bleibt "die Zuständigkeit des einzelnen Diözesanbischofs ungeschmälert, und weder die Konferenz noch ihr Vorsitzender kann im Namen aller Bischöfe handeln, wenn nicht alle Bischöfe einzeln ihre Zustimmung gegeben haben" (c. 455 § 4). In einem solchen Fall liegt nur ein koordiniertes Handeln der einzelnen Diözesanbischöfe vor, nicht ein Handeln der Bischofskonferenz als solcher.

Allgemeine Dekrete, die von einer Bischofskonferenz erlassen werden, bedürfen der Überprüfung ("recognitio", "recognoscere") durch den Apostolischen Stuhl, um Rechtskraft zu erlangen (c. 455 § 2). Dabei macht sich der Apostolische Stuhl den Beschluß selbst nicht zu eigen, sondern überprüft ihn lediglich auf seine Rechtmäßigkeit (und wohl auch auf seine Zweckmäßigkeit) hin.[28] Er erklärt, daß gegen den Beschluß einer Bischofskonferenz keine Bedenken erhoben werden. Träger des jeweiligen Beschlusses bleibt also allein die Bischofskonferenz.

Stärker als bei der Überprüfung ist der Apostolische Stuhl an der Entstehung von partikularem Recht beteiligt, wenn über c. 455 § 2 hinaus eine Genehmigung oder Billigung ("approbatio", "approbare") verlangt wird. So muß es in den einzelnen Nationen nach c. 242 § 1 eine Ordnung für die Priesterausbildung geben, die von der Bischofskonferenz zu erstellen und vom Apostolischen Stuhl zu genehmigen ist. Und wie c. 1246 § 2 betont, kann eine Bischofskonferenz nur mit vorheriger Genehmigung des Apostolischen Stuhles einen gebotenen Feiertag aufheben oder auf den Sonntag verlegen. In diesen Fällen identifiziert sich der Apostolische Stuhl in gewisser Weise mit dem Beschluß einer Bischofskonferenz, hält ihn für richtig und empfiehlt ihn. Gleichwohl hat die Approbation durch den Apostolischen Stuhl keine rechtsbegründende, sondern nur eine rechtsbekräftigende Wirkung; der Beschluß, der approbiert wird, bleibt partikulares Recht und steht als solches ganz und gar in der Verantwortung der jeweiligen Bischofskonferenz.

Man mag darüber streiten, ob die einer Bischofskonferenz übertragenen Kompetenzen ausreichend sind oder nicht.[29] Gewiß ist eine Fortentwicklung möglich, wenn nicht sogar wünschenswert. Gerade in verfassungsrechtlicher Hinsicht fällt auf, daß es sich überwiegend

---

[28] Vgl. G. May, Verschiedene Arten des Partikularrechtes, 41 f.

[29] Vgl. die Übersicht über die einzelnen Kompetenzen einer Bischofskonferenz zur Aufstellung allgemeiner Dekrete bei W. Aymans, Wesensverständnis und Zuständigkeiten der Bischofskonferenz, 55-58.

um relativ unbedeutende Kompetenzen handelt, wie z.B.: Mindestalter und persönliche Voraussetzungen für Lektoren und Akolythen (c. 230 § 1), Vorschriften zur Ausbildung der Anwärter auf den ständigen Diakonat (c. 236), Umfang des Stundengebetes für die ständigen Diakone (c. 276 § 2 n. 3). Dagegen sind im Bereich des Verkündigungs- und Heilungsdienstes die Kompetenzen einer Bischofskonferenz durchaus von größerem Gewicht: Normsetzung zur Förderung der Einheit unter den Christen (c. 755 § 2), Ordnung der Laienpredigt (c. 766), Bestimmungen über die erlaubte Feier der Sakramente einschließlich der Anpassung liturgischer Bücher an die jeweiligen Zeitverhältnisse (c. 841 i.V.m. c. 838 § 3), Normen für bestimmte Fälle der gottesdienstlichen Gemeinschaft mit den getrennten Christen (c. 844 § 5), Ordnung der sakramentalen Initiation für Erwachsene (c. 851 n. 1), Erstellung eines eigenen Eheschließungsritus (c. 1120).

2. Regelung von Einzelfällen

An verschiedenen Stellen räumt das kirchliche Gesetzbuch einer Bischofskonferenz die Möglichkeit ein, Verwaltungsentscheidungen für Einzelfälle zu treffen. Durch solche Entscheidungen werden keine allgemeinen Regeln aufgestellt, die für eine Vielzahl von Einzelfällen anwendbar wären. Es geht vielmehr nur um die Regelung eines konkreten Einzelfalles, wobei der zuständigen Autorität ein großer Ermessensspielraum überlassen bleibt. Deshalb gelten in diesem Zusammenhang auch nicht gemäß c. 455 § 2 CIC für allgemeine Dekrete aufgestellten Bedingungen. Vielmehr ist für einen Beschluß der Bischofskonferenz, durch den ein Einzelfall geregelt werden soll, keine besondere Mehrheit erforderlich; die Beschlußfassung richtet sich nach den jeweiligen Statuten oder, wenn diese hierüber nichts festlegen, nach c. 119 CIC. Außerdem bedarf eine von der Bischofskonferenz getroffene Entscheidung für den Einzelfall an sich nicht der Überprüfung durch den Apostolischen Stuhl. Allerdings ist – und damit wird die Aussage wiederum abgeschwächt – für die wichtigeren Entscheidungen dieser Art eine Mitwirkung des Apostolischen Stuhles in den entsprechenden Rechtsnormen eigens vorgesehen. Und diese Mitwirkung beinhaltet nun nicht nur eine Überprüfung, sondern eine Genehmigung ("approbatio").

Ohne Überprüfung durch den Apostolischen Stuhl kann eine Bischofskonferenz etwa folgende Entscheidungen treffen: Errichtung und Auflösung eines öffentlichen, auf den Bereich der betreffenden

Bischofskonferenz bezogenen Vereins (cc. 312 § 1 n. 2, 320 § 2), Wahl der Vertreter für eine Bischofssynode (c. 346 § 1), Einrichtung eines überdiözesanen katechetischen Amtes (c. 775 § 3). Viele andere Beschlüsse einer Bischofskonferenz sind hingegen an eine Genehmigung des Apostolischen Stuhles gebunden; hierzu gehören: Errichtung eines überdiözesanen Priesterseminars (c. 237 § 2), Bildung eines Gerichts zweiter Instanz, wenn besondere Voraussetzungen gegeben sind (c. 1439 §§ 1-2).

3. Mitwirkungsrechte

Wenn eine Bischofskonferenz allgemeine Dekrete erläßt oder Regelungen für Einzelfälle vornimmt, hat der Apostolische Stuhl bei der Beschlußfassung im angegebenen Umfang Mitwirkungsrechte. Nun stellt sich aber auch umgekehrt die Frage: Inwieweit hat eine Bischofskonferenz Mitwirkungsrechte bei Entscheidungen des Apostolischen Stuhles?

In einigen Fällen hat der Apostolische Stuhl sein Tätigwerden an Mitwirkungsrechte einer Bischofskonferenz gebunden. So muß vor Errichtung einer Personalprälatur (c. 294) oder einer personalen Teilkirche (c. 372 § 2) die hiervon betroffene Bischofskonferenz angehört werden. Außerdem hat eine Bischofskonferenz gemäß c. 377 § 2 das Recht, eine Kandidatenliste für das Bischofsamt zu erstellen und sie dem Apostolischen Stuhl zu übersenden.[30] Und schließlich kann der Apostolische Stuhl auf Vorschlag einer Bischofskonferenz benachbarte Kirchenprovinzen zu Kirchenregionen zusammenschließen (c. 433 § 1).

Aus dieser Übersicht wird deutlich, daß die Mitwirkungsrechte einer Bischofskonferenz im Hinblick auf den Apostolischen Stuhl nicht sonderlich ausgebaut sind. Mitwirkungsrechte dieser Art sollten aber in einem größeren Maße gegeben sein. Hierdurch würde einer bestimmten Bischofskonferenz die Möglichkeit eingeräumt, deutlicher ihre Vorstellungen in Angelegenheiten, die ihren eigenen Bereich betreffen, dem Apostolischen Stuhl gegenüber geltend zu machen. Gerade wenn es sich um Entscheidungen der höchsten kirchlichen Autorität handelt, die für das Gebiet einer Bischofskonferenz

[30] Nach c. 377 § 3 hat der Vorsitzende einer Bischofskonferenz das Recht, vor Ernennung eines Diözesanbischofs oder eines Bischofskoadjutors gegenüber dem päpstlichen Gesandten eine Stellungnahme abzugeben.

von größerem Interesse sind, sollte diese zuvor informiert und angehört werden.

4. *Erklärungen mit lehrhaftem Charakter*

Wenn von einer Bischofskonferenz pastorale Aufgaben für die Gläubigen ihres Gebietes wahrgenommen werden (c. 447), dann gehören hierzu auch Aufgaben im Bereich der Lehre oder des Verkündigungsdienstes; andernfalls wären Pastoral und Lehre auseinandergerissen. Daß eine Bischofskonferenz im Bereich der Lehre tätig zu werden vermag, geht außerdem aus vielen Einzelkompetenzen hervor, die die Weitergabe des Glaubens mittelbar oder unmittelbar betreffen (vgl. z.B. c. 775 § 2: Herausgabe von Katechismen).

Wie verhält es sich nun aber mit öffentlichen Erklärungen, Hirtenworten, Lehrschreiben und Stellungnahmen zu Glaubensfragen, die von Bischofskonferenzen herausgegeben werden? Worin haben diese ihre Rechtsgrundlage?

Die Bischöfe sind die "authentischen Künder und Lehrer des Glaubens für die ihrer Sorge anvertrauten Gläubigen" (c. 753). Insofern die Bischöfe diese Aufgabe nicht nur als einzelne, sondern auch – aufgrund der synodalen Verfaßtheit ihres Amtes – gemeinschaftlich wahrnehmen können, haben die Bischofskonferenzen (wie auch die Partikularkonzilien) am authentischen Lehramt der Kirche teil, dem die Gläubigen religiösen Gehorsam entgegenbringen müssen.[31] Mit Recht kann man daher von einer Lehrautorität der Bischofskonferenz sprechen, die freilich in die universalkirchliche Lehrautorität von Papst und Bischofskollegium eingebunden ist.

Nach geltendem Recht haben die Bischofskonferenzen nicht die Kompetenz, Erklärungen mit lehrhaftem Charakter in der Form allgemeiner Dekrete nach c. 455 §§1-2 zu erlassen, weil eine entsprechende Beauftragung fehlt. Im Sinne von c. 753 verfügt die Bischofskonferenz lediglich über die Möglichkeit, lehramtliche Erklärungen nach c. 455 § 4, also als gemeinschaftliches Handeln der einzelnen Bischöfe herauszugeben; hierfür ist Einstimmigkeit (zumindest der Diözesanbischöfe) gefordert, aber keine Überprüfung oder Approbation durch den Apostolischen Stuhl.

Hinsichtlich einer Rechtsfortbildung sollte bei lehramtlichen Äußerungen der Bischofskonferenz nicht Einstimmigkeit, sondern Einmütigkeit in der Beschlußfassung angestrebt werden; ansonsten erhält

---

[31] Ausführlicher hierzu P. Krämer, Kirchenrecht I, 39-41.

eine Einzelperson oder eine verschwindend kleine Minderheit ein zu großes Gewicht. "Die in c. 455 § 4 CIC geforderte Einstimmigkeit übersteigt ... das nach Einmütigkeit strebende Konsensprinzip, wenn es nicht sogar damit überzogen wird."[32] Eine Rechtsfortbildung wäre aber auch in der Form möglich, daß einer Bischofskonferenz das Recht eingeräumt wird, in Glaubensfragen gemäß c. 455 §§ 1-2 allgemeine Dekrete zu erlassen. Hieraus sollte aber nicht gefolgert werden, daß alle Erklärungen einer Bischofskonferenz mit lehrhaftem Charakter an eine Überprüfung durch den Apostolischen Stuhl gebunden werden müßten; vielmehr sollte diese Bindung nur für jene Erklärungen gefordert werden, die von größerer gesamtkirchlicher Bedeutung sind und in der Form allgemeiner Dekrete nach c. 455 §§ 1-2 herausgegeben werden. Um die Einheitlichkeit in der Glaubensverkündigung zu wahren, dürfte in allen wichtigen Angelegenheiten eine stärkere Konsultation der Bischofskonferenzen untereinander und mit dem Apostolischen Stuhl angezeigt sein.

---

[32] H. Schmitz, Die Lehrautorität der Bischofskonferenz gemäß c. 753 CIC, 216; vgl. ebd., 232 f.

Quellen und Literatur

ACTA SANCTAE SEDIS, Rom 1865-1908 (= ASS).
ACTA APOSTOLICAE SEDIS, Rom 1909 ff. (= AAS).
CORPUS IURIS CANONICI, hrsg. v. A. Friedberg, 2 Bde., Graz 1959 (Nachdruck der Ausgabe Leipzig 1879) (= Friedberg).
CODEX IURIS CANONICI, Rom 1917 (= CIC/1917).
CODEX IURIS CANONICI, Rom 1983 (= CIC/1983).
CODEX IURIS CANONICI, Codex des kanonischen Rechts, lat.-dt. Ausgabe, Kevelaer [3]1989.
CODEX IURIS CANONICI, Auctoritate Ioannis Pauli PP. II. promulgatus. Fontium annotatione et indice analytico alphabetico auctus, Rom 1989.
INDEX VERBORUM ET LOCUTIONUM CODICIS IURIS CANONICI, hrsg. v. X. Ochoa, Rom [2]1984.
KALDE, F.: Authentische Interpretationen zum Codex Iuris Canonici, Metten 1990.
SCHMITZ, H., KALDE, F.: Partikularnormen der deutschsprachigen Bischofskonferenz, Metten 1990.
COMMUNICATIONES, Pontificia Commissio Codici Iuris Canonici recognoscendo / authentice interpretando, Pontificium consilium de legum textibus interpretandis, Rom 1969 ff.
CODEX CANONUM ECCLESIARUM ORIENTALIUM, in: AAS 82 (1990), 1046-1363 (= CCEO).
FÜRST, C.G.: Canones-Synopse zum Codex iuris canonici und Codex canoum ecclesiarum orientalium, Freiburg i.Br. - Basel - Wien 1992.
DENZINGER, H., SCHÖNMETZER, A.: Enchiridion Symbolorum Definitionum et Declarationum de rebus fidei et morum, Freiburg i.Br. [36]1976.
DENZINGER, H., HÜNERMANN, P.: Kompendium der Glaubensbekenntnisse und kirchlichen Lehrentscheidungen, Freiburg i.Br. [37]1991 (= DS/DH).
GEMEINSAME SYNODE DER BISTÜMER IN DER BUNDESREPUBLIK DEUTSCHLAND. Beschlüsse der Vollversammlung. Offizielle Gesamtausgabe, Bd. 1, Freiburg i.Br. - Basel - Wien [6]1976.
NACHKONZILIARE DOKUMENTATION, Bde. 1-58, Trier 1967-1977 (= NKD).
LISTL, J. (Hrsg.): Die Konkordate und Kirchenverträge in der Bundesrepublik Deutschland. Textausgabe für Wissenschaft und Praxis, 2 Bde., Berlin 1987.

Texte des II. Vatikanischen Konzils:

AA Apostolicam actuositatem: AAS 58 (1966), 837-864.
AG Ad gentes: AAS 58 (1966), 947-990.
CD Christus Dominus: AAS 58 (1966), 673-701.
DH Dignitatis humanae: AAS 58 (1966), 929-946.
DV Dei verbum: AAS 58 (1966), 817-835.
GE Gravissimum educationis: AAS 58 (1966), 728-739.
GS Gaudium et spes: AAS 58 (1966), 1025-1120.
IM Inter mirifica: AAS 56 (1964), 145-157.
LG Lumen gentium: AAS 57 (1965), 5-71.
NA Nostra aetate: AAS 58 (1966), 740-744.
OE Orientalium Ecclesiarum: AAS 57 (1965), 76-89.
OT Optatam totius: AAS 58 (1966), 713-727.
PC Perfectae caritatis: AAS 58 (1966), 702-712.
PO Presbyterorum Ordinis: AAS 58 (1966), 991-1024.
SC Sacrosanctum Concilium: AAS 56 (1964), 97-138.
UR Unitatis redintegratio: AAS 57 (1965), 90-112.
NE Nota explicativa praevia: AAS 57 (1965), 72-75.

Grundliteratur

MÖRSDORF, K.: Lehrbuch des Kirchenrechts auf Grund des Codex Iuris Canonici I-III, München [11]1964-1979.

AYMANS, W., MÖRSDORF, K.: Kanonisches Recht. Lehrbuch aufgrund des Codex Iuris Canonici, Bd. I, Paderborn 1991.

LISTL, J., MÜLLER, H., SCHMITZ, H. (Hrsg.): Handbuch des katholischen Kirchenrechts, Regensburg 1983 (= HdbKathKR).

LÜDICKE, K. (Hrsg.): Münsterischer Kommentar zum Codex Iuris Canonici unter besonderer Berücksichtigung der Rechtslage in Deutschland, Österreich und der Schweiz, Münster 1985 ff. (= MK).

PLÖCHL, W.: Geschichte des Kirchenrechts, Wien I [2]1960, II [2]1962, III [2]1970, IV 1966, V 1969.

FEINE, H.E.: Kirchliche Rechtsgeschichte. Die katholische Kirche, Köln - Wien [5]1972.

FRIESENHAHN, E., SCHEUNER, U. (Hrsg.): Handbuch des Staatskirchenrechts der Bundesrepublik Deutschland, 2 Bde., Berlin 1974 f. (= HdbStKirchR).

Gesamtverzeichnis

AYMANS, W.: Das synodale Element in der Kirchenverfassung, München 1970.

DERS.: Die kanonistische Lehre von der Kirchengliedschaft im Lichte des II. Vatikanischen Konzils, in: AfkKR 142 (1973), 397-417.

DERS.: Die Quellen des kanonischen Rechtes in der Kodifikation von 1917, in: IusCan 15,2 (1975), 79-95.

DERS.: Die Träger kirchlicher Dienste, in: HdbKathKR 190-198.

DERS.: Wesensverständnis und Zuständigkeiten der Bischofskonferenz im Codex Iuris Canonici von 1983, in: AfkKR 152 (1983), 46-61.

BENZ, M.: Die Personalprälatur. Entstehung und Entwicklung einer neuen Rechtsfigur vom Zweiten Vatikanischen Konzil bis zum Codex von 1983, St. Ottilien 1988.

BERTRAMS, W.: Papst und Bischofskollegium als Träger der höchsten Hirtengewalt, München - Paderborn - Wien 1965.

DERS.: Die Einheit von Papst und Bischofskollegium in der Ausübung von Hirtengewalt durch den Träger des Petrusamtes, in: Acta congressus internationalis de theologia Concilii Vaticani II, Typ. Pol. Vat. 1968, 60-79.

BRAUNBECK, E.: Der Weltcharakter des Laien. Eine theologisch-rechtliche Untersuchung im Licht des II. Vatikanischen Konzils, Regensburg 1993 (im Druck).

CATTANEO, A.: Der ekklesiologische Ort der römischen Kurie nach der Apostolischen Konstitution "Pastor Bonus", in: Fides et ius, FS G. May, hrsg. v. W. Aymans, A. Egler, J. Listl, Regensburg 1991, 109-118.

COCCOPALMERIO, F.: De paroecia, Rom 1991.

CORRECO, E.: "Ordinatio rationis" oder "ordinatio fidei"? Anmerkungen zur Definition des kanonischen Gesetzes, in: IKZ 6 (1977), 481-495.

DERS.: La sortie de L'Église pour raison fiscale. Le problème fiscale, in: L. Carlen, Austritt aus der Kirche - Sortir de L'Église, Freiburg 1982, 11-67.

DERS.: Natur und Struktur der einen "sacra potestas" in der kanonistischen Doktrin und im neuen CIC, in: AfkKR 153 (1984), 354-383.

DERS.: Aspekte der Rezeption des Vaticanum II im neuen Codex Iuris Canonici, in: Die Rezeption des Zweiten Vatikanischen Konzils, hrsg. v. H.J. Pottmeyer, G. Alberigo, J.P. Jossua, Düsseldorf 1986, 313-368.

DERS.: Sacerdotium und Presbyterium im CIC, in: Recht im Dienste des Menschen. FS H. Schwendenwein, hrsg. v. K. Lüdicke, H. Paarhammer, D. A. Binder, Graz - Wien - Köln 1986, 31-48.

DERS.: Das Urteil im kanonischen Recht, in: FS für Louis Carlen zum 60. Geburtstag, hrsg. v. L.C. Morsak, M. Escher, Zürich 1989, 241-269.

DEMEL, S.: Die kanonische Eheschließungsform im Recht der unierten Ostkirchen. Ein Vergleich des CCEO/1990 mit dem CIC/1983, in: AfkKR 160 (1991), 418-440.

DIES.: Kirchliche Trauung - unerläßliche Pflicht für die Ehe des katholischen Christen?, Stuttgart 1993.

FÜRST, C.G.: Cardinalis. Prolegomena zu einer Rechtsgeschichte des römischen Kardinalskollegiums, München 1967.

GANZER, K.: Das päpstliche Gesandtschaftswesen. Historischer Rückblick, in: NKD 21 (1970), 9-16.

GERINGER, K.-TH.: Die deutschen Pfarrgemeinderäte als verfassungsrechtliches Problem, in: MThZ 37 (1986), 42-57.

GEROSA, L.: Charisma und Recht. Kirchenrechtliche Überlegungen zum "Urcharisma" der neuen Vereinigungsformen in der Kirche, Einsiedeln - Trier 1989.

DERS.: Kirchliches Recht und Pastoral, Eichstätt - Wien 1991.

GRESHAKE, G.: "Zwischeninstanzen" zwischen Papst und Ortsbischöfen. Notwendige Voraussetzung für die Verwirklichung der Kirche als "communio ecclesiarum", in: Bischofskonferenz. Theologischer und juridischer Status, hrsg. v. H. Müller, H.J. Pottmeyer, Düsseldorf 1989, 88-115.

HACK, H.: Die Pfarrei, in: HdbKathKR 384-395.

HARTELT, K.: Die Diözesan- und Regionalsynoden im deutschen Sprachraum nach dem Zweiten Vatikanum. Rechtshistorische und rechtstheologische Aspekte der Verwirklichung des Synodalprinzips in der Struktur der Kirche der Gegenwart, Leipzig 1979.

DERS.: Das Ökumenische Konzil, in: HdbKathKR 266-272.

HEIMERL, H.: Der Zölibat, Recht und Gerechtigkeit, Wien - New York 1985.

DERS., PREE, H.: Kirchenrecht. Allgemeine Normen und Eherecht, Wien - New York 1983.

HEINEMANN, H.: Der Bischof und die Diözesansynode. Kanonistische Erwägungen, in: Zeugnis des Glaubens. Dienst an der Welt. FS Franz Kardinal Hengsbach, hrsg. v. B. Hermans, Mülheim an der Ruhr 1990, 579-602.

HIEROLD, A.E.: Inhaltliche Perspektiven des Verfassungsrechtes des revidierten kirchlichen Gesetzbuches, in: AfkKR 152 (1983), 349-368.

DERS.: Das Bischofsamt (katholisch), in: EvStL, Bd. 1, Stuttgart ^{3}1987, 270-274.

HOLLERBACH, A.: Billigkeit, in: StL, Bd. 1, Freiburg - Basel - Wien ^{7}1985, 809-813.

DERS.: Gemeinde in der katholischen Kirche, in: EvStL, Bd. 2, Stuttgart ^{3}1987, 1050-1052.

DERS.: Staat und Bischofsamt, in: Zur Frage der Bischofsernennungen in der römisch-katholischen Kirche, hrsg. v. G. Greshake, München - Zürich 1991, 51-84.

KAISER, M.: Aussagen des Zweiten Vatikanischen Konzils über die Kirchengliedschaft, in: Ecclesia et ius. FS A. Scheuermann, hrsg. v. K. Siepen, J. Weitzel, P. Wirth, München - Paderborn - Wien 1968, 121-135.

DERS.: Die Laien, in: HdbKathKR 184-189.

DERS.: Besetzung der Bischofsstühle. Erfahrungen und Optionen, in: AfkKR 158 (1989), 69-90.

DERS.: Potestas iurisdictionis?, in: Fides et ius, FS G. May, hrsg. v. W. Aymans, A. Egler, J. Listl, Regensburg 1991, 81-107.

KASPER, W.: Zukunft aus der Kraft des Konzils. Die außerordentliche Bischofssynode '85, Freiburg i.Br. 1986.

DERS.: Der theologische Status der Bischofskonferenz, in: ThQ 167 (1987), 1-6.

KÖCK, H.F.: Die völkerrechtliche Stellung des Heiligen Stuhls. Dargestellt an seinen Beziehungen zu Staaten und internationalen Organisationen, Berlin 1975.

KRÄMER, P.: Dienst und Vollmacht in der Kirche. Eine rechtstheologische Untersuchung zur Sacra Potestas-Lehre des II. Vatikanischen Konzils, Trier 1973.

DERS.: Kirche der freien Gefolgschaft. Kirchenrechtliche Überlegungen zu einem umstrittenen Kirchenmodell, München 1981.
DERS.: Die geistliche Vollmacht, in: HdbKathKR 124-131.
DERS.: Die Zugehörigkeit zur Kirche, in: HdbKathKR 162-171.
DERS.: Theologisch-rechtliche Begründung der Bischofskonferenz, in: ZevKR 32 (1987), 402-410.
DERS.: Die Idee der Menschenrechte und Grundrechte in der katholischen Tradition, in: ÖAKR 37 (1987), 229-239.
DERS.: Bischofsamt und synodale Verfassun - Die rechtliche Struktur der Kirche nach dem II. Vatikanischen Konzil, in: Krise und Erneuerung der Kirche. Theologische Ortsbestimmungen, hrsg. v. M. Lutz-Bachmann, B. Schlegelberger, Berlin 1989, 71-83.
DERS.: Das Verhältnis der Bischofskonferenz zum Apostolischen Stuhl, in: Bischofskonferenz. Theologischer und juridischer Status, hrsg. v. H. Müller, H.J. Pottmeyer, Düsseldorf 1989, 256-270.
DERS.: Kirchenrecht I. Wort - Sakrament - Charisma, Stuttgart 1992.
DERS.: Kirche und Bücherzensur. Zu einer neuen Instruktion der Kongregation für die Glaubenslehre, in: ThGl 83 (1993), 72-80.
LEDERER, J.: Der Dispensbegriff des kanonischen Rechtes unter Berücksichtigung der Rechtssprache des CIC, München 1957.
DERS.: Pfarrgemeinderat und Pfarrverwaltungsrat, in: HdbKathKR 425-429.
LEISCHING, P.: Die Bischofskonferenz. Beiträge zu ihrer Rechtsgeschichte mit besonderer Berücksichtigung ihrer Entwicklung in Österreich, Wien - München 1963.
LILL, R.: Die ersten deutschen Bischofskonferenzen, Freiburg i.Br. 1964.
LISTL, J.: Die Rechtsfolgen des Kirchenaustritts in der staatlichen und kirchlichen Rechtsordnung, in: Recht als Heilsdienst, FS M. Kaiser, hrsg. v. W. Schulz, Paderborn 1989, 160-186.
DERS.: Die Besetzung der Bischofsstühle. Bischofsernennungen und Bischofswahlen in Deutschland, in: Sendung und Dienst im bischöflichen Amt. FS für Bischof J. Stimpfle, hrsg. v. A. Ziegenaus, St. Ottilien 1991, 29-68.
Longhitano, A.: La parrocchia fra storia, teologia e diritto, in: La parrocchia e le sue strutture, hrsg. v. J. Beyer u.a., Bologna 1987, 5-27.
LUF, G.: Grundrechte im CIC/1983, in: ÖAKR 35 (1985), 107-131.
MAY, G.: Das Papstwahlrecht in seiner jüngsten Entwicklung. Bemerkungen zu der Apostolischen Konstitution "Romano Pontifici eligendo", in: Ex aequo et bono. FS W. Plöchl, hrsg. v. P. Leisching, F. Pototschnig, R. Potz, Innsbruck 1977, 231-262.
DERS.: Verschiedene Arten des Partikularrechtes, in: AfkKR 152 (1983), 31-45.
Ders., Egler, A.: Einführung in die kirchenrechtliche Methode, Regensburg 1986.
METZ, R.: Der Papst, in: HdbKathKR 252-266.
MIKAT, P.: Die päpstlichen Gesandten, in: HdbKathKR 295-301.
MÖRSDORF, K.: Die Rechtssprache des Codex Iuris Canonici, Paderborn 1937 (Nachdruck: Paderborn 1967).
DERS.: Schriften zum Kanonischen Recht, hrsg. v. W. Aymans, K.Th. Geringer,
H. Schmitz, Paderborn - München - Wien - Zürich 1989.
DERS.: Persona in Ecclesia Christi, in: Ebd., 99-147.
DERS.: Weihegewalt und Hirtengewalt in Abgrenzung und Bezug, in: Ebd., 171-186.
DERS.: Heilige Gewalt, in: Ebd., 203-215.
DERS.: Die Autonomie der Ortskirche, in: Ebd., 284-301.
DERS.: Die Rolle des Ortsbischofs in dem Zuordnungsverhältnis von Gesamtkirche und Teilkirche, in: Ebd., 302-321.
Ders. Die Promulgationsformel des Zweiten Vatikanischen Konzils, in: Ebd., 339-345.
MÜLLER, H.: Rezeption und Konsens in der Kirche. Eine Anfrage an die Kanonistik, in: ÖAKR 27 (1976), 3-22.
DERS.: Der Anteil der Laien an der Bischofswahl. Ein Beitrag zur Geschichte der Kanonistik von Gratian bis Gregor IX, Amsterdam 1977.

DERS.: Zugehörigkeit zur Kirche als Problem der Neukodifikation des Kanonischen Rechts, in: ÖAKR 28 (1977), 81-98.
DERS.: Die Träger der obersten Leitungsvollmacht, in: HdbKathKR 248-252.
DERS.: Die Diözesankurie, in: HdbKathKR 364-376.
DERS.: Zur Frage nach der Stellung des Laien im CIC/1983, in: Ministerium Iustitiae. FS H. Heinemann, hrsg. v. A. Gabriels, H.J. Reinhardt, Essen 1985, 203-216.
DERS.: Zur Frage nach der kirchlichen Vollmacht, in: ÖAfKR 35 (1985), 83-106.
DERS.: Die Stellung des Diözesanbischofs in der Partikularkirche aufgrund des Codex Iuris Canonici von 1983, in: ThGl 76 (1986), 94-110.
DERS.: Konzil, in: EvStL, Bd. 1, Stuttgart [3]1987, 1864-1871.
DERS.: Zum Verhältnis zwischen Bischofskonferenz und Diözesanbischof, in: Bischofskonferenz. Theologischer und juridischer Status, hrsg. v. H. Müller, H.J. Pottmeyer, Düsseldorf 1989, 236-255.
DERS.: Barmherzigkeit in der Rechtsordnung der Kirche?, in: AfkKR 159 (1990), 353-367.
MÜLLER, L.: Gilt das Verbot der Meßdienerinnen noch?, in: AfkKR 155 (1986), 126-137.
DERS.: Weihe, in: Ecclesia a sacramentis. Theologische Erwägungen zum Sakramentenrecht, hrsg. v. R. Ahlers, L. Gerosa, L. Müller, Paderborn 1992, 103-123.
NEDUNGATT, G.: Synodalität in den katholischen Ostkirchen nach dem neuen Kodex des Kanonischen Rechts, in: Concilium 28 (1992), 396-408.
NEES, A.: Die erste Gemeinsame Synode der Bistümer in der Bundesrepublik Deutschland (1971-1975). Die innere Rechtsordnung und ihre Stellung in der Verfassung der katholischen Kirche, Paderborn 1978.
NEUNER, P.: Zwischen Primat und Kollegialität. Das Verhältnis von Papst und Bischöfen auf dem Ersten und dem Zweiten Vatikanischen Konzil, in: Zentralismus statt Kollegialität? Kirche im Spannungsfeld, hrsg. v. F. König, Düsseldorf 1990, 82-113.
PAARHAMMER, H.: Bischofsbestellung im CCEO. Patriarchen - und Bischofswahl und andere Formen der Bischofsbestellung, in: AfkKR 160 (1991), 390-407.
PLÖCHL, W.: Das Factum "Konzil" in rechtshistorischer Sicht, in: IusCan 11/2 (1971), 135-178.
POTTMEYER, H.J.: Der theologische Status der Bischofskonferenz - Positionen, Klärungen und Prinzipien, in: Bischofskonferenz. Theologischer und juridischer Status, hrsg. v. H. Müller, H.J. Pottmeyer, Düsseldorf 1989, 44-87.
POTZ, R.: Die Geltung kirchenrechtlicher Normen. Prolegomena zu einer kritisch-hermeneutischen Theorie des Kirchenrechts, Wien 1978.
DERS.: Bischofsernennungen. Stationen, die zum heutigen Zustand geführt haben, in: Zur Frage der Bischofsernennungen in der römisch-katholischen Kirche, hrsg. v. G. Greshake, München - Zürich 1991, 17-50.
PUZA, R.: Katholisches Kirchenrecht, Heidelberg [2]1993.
RAHNER, K.: Die Gliedschaft in der Kirche nach der Lehre der Enzyklika Pius XII. "Mystici Corporis Christi", in: Ders., Schriften zur Theologie, Bd. II, Einsiedeln 1953, 7-94.
RATZINGER, J.: Zur Theologie des Konzils, in: Ders., Das neue Volk Gottes. Entwürfe zur Ekklesiologie, Düsseldorf [2]1970, 147-170.
DERS.: Die pastoralen Implikationen der Lehre von der Kollegialität der Bischöfe, in: Ebd., 201-224.
ROUTHIER, G.: "Église locale" ou "Église particulière": querelle sémantique ou option theologique?, in: Studia canonica 25 (1991), 277-334.
SAIER, O.: "Communio" in der Lehre des Zweiten Vatikanischen Konzils, München 1973.
SCHAPPERT, P.: Solidarische Pfarrseelsorge. Möglichkeit und Bewertung in der neuklassischen Kanonistik, St. Ottilien 1991.
SCHMITZ, H.: Plädoyer für Bischofs- und Pfarrerwahl, in: TThZ 79 (1970), 230-249.
DERS.: Der Bischof und die vielen Räte, in: Ebd., 321-344.
DERS.: Kommentar zu dem Motuproprio über die Päpstlichen Gesandten, in: NKD 21 (1970), 17-38.
DERS.: Pfarrei und Gemeinde, in: AfkKR 148 (1979), 48-71.

DERS.: Die Konsultationsorgane des Diözesanbischofs, in: HdbKathKR 352-364.
DERS.: Der Diözesanbischof, in: HbdKathKR 336-407.
DERS.: Die Lehrautorität der Bischofskonferenz gemäß c. 753 CIC, in: Die Bischofskonferenz. Theologischer und juridischer Status, hrsg. v. H. Müller, H.J. Pottmeyer, Düsseldorf 1989, 196-235.
SCHÜLLER, TH.: Barmherzigkeit als Prinzip der Rechtsapplikation in der Kirche im Dienste der salus animarum. Ein kanonistischer Beitrag zu Methodenproblemen der Kirchenrechtstheorie, Würzburg 1993.
SCHULZ, W.: Der Vatikanstaat, in: HdbKathKR 301-304.
DERS.: Das neue Selig- und Heiligsprechungsverfahren. Paderborn 1988.
SCHWENDENWEIN, H.: Das neue Kirchenrecht, Graz - Wien - Köln ^{2}1984.
SOCHA, H.: "Helfer und Schützer der Bischöfe." Die Stellung des Nuntius nach geltendem Recht, in: ThGl 65 (1975), 60-75.
STRIGL, R.A.: Grundfragen der kirchlichen Ämterorganisation, München 1960.
STUTZ, U.: Der Geist des Codex iuris canonici, Stuttgart 1918 (Nachdruck: Amsterdam 1961).
URBAN, H.J.: Die Problematik des Amtes, in: Handbuch der Ökumenik, hrsg. v. Ders., H. Wagner, Bd. III, 2, Paderborn 1987, 108-147.
VIRT, G.: Epikie - verantwortlicher Umgang mit Normen. Eine historisch-systematische Untersuchung, Mainz 1983.
VRIES, J.: Gottesbeziehung und Gesetz. Grund, Inhalt und Grenze kanonischer Normierung im Bereich des religiösen Lebens des Gläubigen, St. Ottilien 1991.
WÄCHTER, L.: Gesetz im kanonischen Recht. Eine rechtssprachliche und systematisch-normative Untersuchung zu Grundproblemen der Erfassung des Gesetzes im katholischen Kirchenrecht, St. Ottilien 1989.
WALF, K.: Die Entwicklung des päpstlichen Gesandtschaftswesens in dem Zeitabschnitt zwischen Dekretalenrecht und Wiener Kongress (1159-1815), München 1966.
DERS.: Kirchenrecht, Düsseldorf 1984.

Kohlhammer

Als vierter Band der Reihe liegt bereits „Kirchenrecht I. Wort – Sakrament – Charisma" vor, d. h. die Einführung in eine Disziplin, die nicht erst seit R. Sohm als typisch katholisch gilt. Mag die Unterscheidung zwischen Rechts- und Liebeskirche mittlerweile auch ihre Faszination verloren haben und in ihrer Unbegründetheit allgemein durchschaut sein, die Nachwirkungen sind immer noch zu spüren. Unter dieser Rücksicht ist der Versuch einer konsequent theologischen Ortsbestimmung des kirchlichen Rechts besonders zu begrüßen. Dazu dient ein durchgängiger Vergleich des alten Kirchenrechts von 1917 mit dem neuen Kirchenrecht von 1983, das unter Berücksichtigung von Impulsen des Zweiten Vatikanischen Konzils erarbeitet wurde, ebenso wie eine durchgängige Betonung des Charismas, das als solches im Kirchenrecht wenig Berücksichtigung erfährt. Dem Zusammenhang zwischen Recht und Liebe, Recht und Gnade, Recht und Charisma widmet dieses Studienbuch besondere Aufmerksamkeit. Daß geschichtliche Aspekte immer wieder ins Blickfeld rücken, versteht sich von selbst. Im übrigen folgt der Aufbau dem einfachen Dreischritt: Verkündigung des Wortes – Feier der Sakramente – Ausübung des Charismas.

Karl H. Neufeld
in Zeitschrift für katholische Theologie

Peter Krämer
Kirchenrecht I
Wort – Sakrament – Charisma
1992. 172 Seiten. Kart.
DM 26,–/öS 203,–/
sFr 27,30
ISBN 3-17-010306-7
Kohlhammer Studienbücher
Theologie, Bd. 24,1

Kohlhammer
Verlag W. Kohlhammer
70549 Stuttgart

329-993 286 MFG1

Kohlhammer

Erst standesamtliche Eheschließung, dann kirchliche Trauung, anschließend die weltlichen Festlichkeiten: so ist es für den praktizierenden Christen eine Selbstverständlichkeit, aber auch für „Weihnachts- und Taufscheinchristen" der „Normalfall".
Doch was tun, wenn der eine katholisch, der andere evangelisch ist, der eine „katholisch", der andere „evangelisch" heiraten will, der eine kirchlich, der andere nur standesamtlich? Ist in solchen Fällen die evangelische Trauung ebenso „gut" wie die katholische? Reicht hier auch eine nur standesamtliche Trauung?
Diese und viele andere Fragen zum Thema kirchliche Trauung sollen in dieser Arbeit beantwortet werden. Die geschichtlichen und theologischen Wurzeln der kirchlichen Trauung werden aufgedeckt, die Regelung der Eheschließungsform in den kirchlichen Gesetzbüchern von 1917 und 1983 beschrieben, die theologischen Grundlagen und Grenzen für die Verbindlichkeit der kanonischen Eheschließungsform aufgezeigt und ein Reformmodell der geltenden Rechtslage vorgestellt.

Sabine Demel

Kirchliche Trauung – unerläßliche Pflicht für die Ehe des katholischen Christen?

1993. 352 Seiten. Kart.
DM 79,–/öS 616,–/
sFr 80,90
ISBN 3-17-012304-1

Kohlhammer

Verlag W. Kohlhammer
70549 Stuttgart

328-993 286 MFG1